괜찮아, 누구나 처음이야

사장의 정석

'너만의 길을 만들어 나아가라'고
말씀하셨던
제 인생의 참스승이신
이민화 교수님을 기리며

괜찮아, 누구나 처음이야
사장의 정석

초판 1쇄 발행 2020년 10월 21일

지은이 김남욱
펴낸이 장현수
펴낸곳 메이킹북스
출판등록 제 2019-000010호

디자인 안영인
편집 안영인
교정 김시온
마케팅 오현경

주소 서울특별시 금천구 가산디지털1로 142, 312호
전화 02-2135-5086
팩스 02-2135-5087
이메일 making_books@naver.com
홈페이지 www.makingbooks.co.kr

ISBN 979-11-91014-23-5(13320)
값 16,800원

ⓒ 김남욱 2020 Printed in Korea

잘못된 책은 구입하신 곳에서 바꾸어 드립니다.
이 책의 전부 또는 일부 내용을 재사용하려면 사전에 저작권자와 펴낸곳의 동의를 받아야 합니다.

이 도서의 국립중앙도서관 출판예정도서목록(CIP)은 서지정보유통지원시스템 홈페이지(http://seoji.nl.go.kr)와 국가자료공동목록시스템(http://www.nl.go.kr/kolisnet)에서 이용하실 수 있습니다. (CIP제어번호 : CIP2020042550)

메이킹북스는 저자님의 소중한 투고 원고를 기다립니다.
출간에 대한 관심이 있으신 분은 making_books@naver.com으로 보내 주세요.

괜찮아, 누구나 처음이야

사장의 정석

김남욱 지음

예비창업자부터 연매출 10억 미만의 사장님을 위한
스케일업 전문가의 파이프이론으로 배우는 사장의 정석!

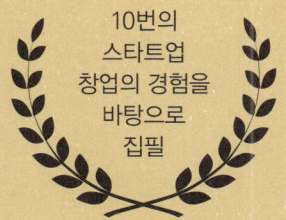

10번의
스타트업
창업의 경험을
바탕으로
집필

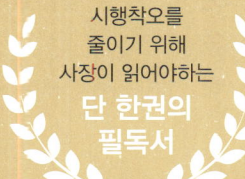

시행착오를
줄이기 위해
사장이 읽어야하는
**단 한권의
필독서**

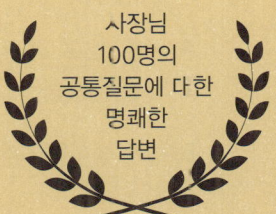

사장님
100명의
공통질문에 다한
명쾌한
답변

메이킹북스

CONTENTS

【들어가며】 —————————————— 10

【첫 번째 정석: 직업의 정석】 ——————

직업으로서의 사장   17
- 나는 언제까지 사장을 해야 하는가?   18
- 나는 하루 종일 열심히 일만 하려고 창업한 걸까?   20

나를 위해 나와 회사를 분리하라   21
- 사장을 사장답게, 조직을 조직답게   23
- 사장은 "지금 그 이후"를 생각해야 한다   24

성공이라는 고지를 점령하는 사장의 자세   26
- 베이스캠프 구축: "날려도 되는 시간, 자본"을 설정해서 창업하라   26
- 베이스캠프 떠나기: 익숙해져선 안 된다   29
- 정상에 도달하거나 실패하거나: 그래도 사장이라는 직업이 남기는 것   33

직업의 정석을 마치며   37

【두 번째 정석: 인사의 정석】

어려운 "사람 문제" — 40
- 나쁜 회사, 나쁜 사장은 있어도 나쁜 직원은 없다! — 41
- 우리 직원 1명의 부가가치는? — 43
- 시대 변화에 맞는 유연한 인사 시스템 — 45

인사의 원칙: 사람을 뽑는 법 — 46
- 1단계: 안 사람과 바깥 사람 구분하기 — 47
- 2단계: 드리머(Dreamer)와 아키텍처(Architecture) 구분하기 — 52
- 3단계: 회사 비전이 '수익 구조-조직 문호-'가 되는 과정을 알기 — 57
- 마지막으로, 전문직은 아웃소싱! — 62

인사에 관한 몇 가지 스토리 — 66
- 위기와 "성장통" — 66
- 성장통 해결하기: 사람의 문제 현명하게 해결하기 — 70
- 조직 문화 만들기 — 73
- 운영과 전략 분리하기 — 77

인사의 정석을 마치며 — 80

【세 번째 정석: 경영의 정석】

경영의 정석에 들어가며 — 84
- 시야가 좁은 사장님을 위한 지침, 시스템이 생존이다 — 86
- 사장 없어도 돌아갈 회사를 만들어라 — 87
- 시스템은 곧 권한 위임이다 — 89

숫자에 조금씩 접근하기 91
- 회계는 경영의 기초 (BEP를 통한 생존목표) 92
- 재무제표 中 특히 현금흐름표 + 손익계산서! 95
- 사장을 위한 기본 세법 규칙 98
- 세금을 고려한 회사 상태 파악 102
- 인건비를 위한 세법 105

경영의 정석을 마치며 108

[네 번째 정석: 투자의 정석]

돈을 번다는 것은? 110
- 첫째, 매달 꾸준히 '영업이익'을 남기는 것 111
- 둘째, '매출'을 공격적으로 확대하기 112
- 셋째, '창업-주식'으로 돈 벌기 114

투자의 세계 122
- 투자받아도 내 회사를 지키는 법 124
- 밸류에이션(Valuation, 기업가치평가)의 정의 125
- 밸류에이션, 어떻게 구성되나? 127
- 밸류에이션, 어떻게 확정되나? 131
- 벤처 생태계 파악하기 134

투자의 정석을 마치며 138

【다섯 번째 정석: 영업의 정석】

사장에게 고객이란? ... 141
- 신생 회사에게 고객이란? ... 143

고객, 니즈, 사업, 그리고 성공! ... 146
- 니즈를 발굴한다는 것은? ... 146
- 고객에게 무엇을 제공할까? ... 148
- 현장에 나가기, 고객의 유형 생각하기 ... 152

변하는 고객의 마음 ... 155
- 고객 데이터의 활용 ... 156
- 창업 아이템은 계속 바뀌어야 한다 ... 159
- 고객과 수익과의 구체적 관계를 고려하라 ... 160
- 시장을 선택하는 것은 결국 사장이다 ... 163

영업의 정석을 마치며 ... 166

【창업기획자(개인형 엑셀러레이터)의 세계】

창업기획자가 뭐야? ... 169
- "국내 1호 개인형 엑셀러레이터" ... 169
- 부와 신뢰를 나누는 동반자 ... 170
- 컨설턴트와의 차이 ... 172
- 신뢰가 맺어 주는 인연 ... 175
- 성공을 위한 스타트업 방정식 ... 176

창업기획자가 되고 싶다면   177
- 창업기획자란 직업의 본질이다   177
- 창업기획자의 수익 모델   179
- 어떤 사람이 하면 좋을까?   181
- 어떻게 좋은 창업기획자가 될 수 있는가?   183

창업기획자의 세계를 마치며   184

【《사장의 정석》을 마치며】

- 못다 한 세 가지 이야기   186
- 2년간의 집필 기간을 마치며   193
- 감사의 글   196

사장의
정 석

사장의 정석
【들어가며】

● 사장도 배워야 한다

우리는 자본주의 사회에서 살고 있다. 가치라는 것을 자본으로 측정하고, 교환과 매매의 기준을 자본으로 삼기로 약속한 사회에서 사는 것이다. 2000년대 초반까지만 해도 "대입 순서가 월급을 결정하던 시대"였다. 고등학교 때 열심히 공부를 하면 의사, 변호사, 판사가 될 수 있고, 소위 대학 입학 성적으로 '단위 시간당 임금'이 높아진다고 말할 수 있었다. 예를 들어 의사가 되면 시간당 50만 원, 변호사가 되면 시간당 40만 원… 이런 식으로 안정적인 직업에 대한 가치들이 성적으로 정해지고 해당 직업군에 똑똑한 사람이 모였다.

많은 사람들은 자신의 시간과 돈을 교환하는 근로자로서의 삶을 살고 있다. 돈을 많이 벌기 위해서는 시간당 급여가 높은 일을 하거나, 근로시간을 더 투자하는 선택지밖에 없다. 하지만 최근의 트렌드는 변화되었다. 돈이 돈을 불리는 속도와 노동을 하여 번 돈으로 자본을 키우는 속도 중, 전자가 훨씬 빨라졌다. 고액 연봉으로 알려진 5년 차 회계법인 회계사의 경우 1년 동안 아무것도 쓰지 않고 모으면 보통 1억을 번다. 그런데 4억짜리 아파트를 사 두었다면 1년 동안 7억이 된다. '빚을 져서라도 집을 사 놨으면 돈을 더 벌었을 텐데…' 이런 생각 때문에 많은 사람들이 허탈감, 상실감을 느끼고 만다. 그로 인해 "차라리 이럴 거면 일확천금을 위한 창업이 정답이다"라는 말이 나오는 건 참담한 현실이다.

창업을 통해 큰돈을 벌었다는 언론의 이야기와, 주변에 외제차를 타고 다니는 창업한 친구의 이야기가 종종 들려온다. 이에, '나도 창업을 시작해볼까?' 하는 마음으로 사업자를 내고 최근 뜨고 있는 아이템으로 사업을 시작한다. 나름대로 성공하는 경우가 있지만 대부분의 경우는 그렇지 못하다. 왜 그럴까? 그 이유는 단 한 번도 사장이 된다는 것을 배워본 적이 없기 때문이다.

창업을 결심하고 실행하는 과정을 우리는 '사업'이라고 부른다. 수영을 하려면 수영을 배우고, 악기를 다루려면 악기를 배워야 한다. 우리는 모르는 것을 배워야 한다고 당연하게 생각한다. 그러나 사업을 함에 있어, 사장이 됨에 있어 그에 따라 필요한 것을 배워야 한다고 생각하지 못한다. 사장을 가르치는 학교도, 학원도, 심지어 교재조차 없기 때문이다.

● 《사장의 정석》이 필요한 우리

고교 시절, 어려운 수학을 우리에게 친절히 설명했던 개념서처럼, 사장을 위한 하나의 개념서가 필요하다고 생각했다. 물론 서점에는 사업, 비즈니스, 창업에 관한 수많은 책이 있다. 하지만, 사장으로서의 역할과 책임을 알려 주며 최소한의 지식을 전달하는 책은 많지 않다. 어떤 책은 근로계약서를 작성하는 방법에서부터 참고해야 할 웹사이트 주소까지 친절하게 소개하지만, 정책과 법령이 너무나도 빨리 변하기 때문에 금방 옛것이 되어 버리고야 만다. 또한 성공적인, 우수한 창업 사례들을 소개하는 책들은 소규모, 소자본으로 시작한 사장에게는 그렇게 큰 도움이 되지 않는, 너무 먼 이야기를 하기에 큰 관심을 갖지 못하게 만든다.

이에, 사장이 반드시 알아야 할 직업으로서의 사장, 조직에서의 사장, 경영자로서의 사장, 투자자 관점에서의 사장, 고객을 바라보는 사장으로 구성된 각 챕터별 '사장의 정석'을 통해 사장으로서의 기본을 다루고자 한다. 무언가 원점에서 생각해야 할 시점에 사장의 곁에 있을 단 한 권의 책, 바로 《사장의 정석》이다.

● 사장님을 응원하며

이 책이 필요한 분들은, '사장이 되어볼까' 생각하는 예비 사장 및 하루아침에 사장이 되어버린 초보 사장부터, 정말 매일매일 자신을 갈아 매출을 올리고 계신 매출액 10억 미만의 준프로 사장님들이다. 물론 업에 따라 매출액이 다르겠지만, 10억을 기준으로 둔 사업 카테고리는 제조업 및 도소매 기준으로 산정하였으며, 디자인 회사나 경영 컨설팅과 같은 서비스업 기준으로는 5억 정도라고 생각한다. 이들의 공통적인 특징을 살펴보자면, 별도의 시스템 없이 사장 혼자 최선을 다한다고 가정하였을 때 발생시킬 수 있는 최대의 매출을 바로 10억으로 산정한 것이다. 즉 예비 창업자부터 시스템을 갖추어 스케일 업(Scale-Up)을 준비하는 사장님에게 시스템을 갖추기 위한 하나의 지침서라 할 수 있다. 그러니 부디 책을 깨끗하게 보지 마시고, 밑줄도 치고 메모도 하면서 자신만의 것으로 꼭 재정립하길 바란다.

사장님! 당신이 겪는 문제는
많은 앞선 창업자들이 겪어 왔고,
사장님 또한 겪게 될 어쩌면 당연한 문제입니다.
그러니 너무 좌절하거나 낙담하지 마세요!

이제, 사장의 정석 시작합니다

사장의 정석

첫 번째 정석
직업의 정석

직업으로서의 사장

나를 위해 나와 회사를 분리하라

성공이라는 고지를 점령하는 사장의 자세

직업의 정석을 마치며

사장의 정석
【첫 번째 정석: 직업의 정석】

"사장님은 그냥 사장님이라고 생각했어요. 내가 직접 사장이 되기 전까지는요. 근데, 사장이 된다는 거, 그거 진짜 쉬운 일이 아니더라고요."

– 이제 막 사장이 된 분과의 인터뷰 중

'직업으로서의 사장'이라는 그 말이 참 중요한 것 같다. 태어날 때부터 사장인 사람은 없기 때문이다. 즉, 누구나 평등한 기회가 주어진다. 만약 부모님이 기업의 사장이라고 한다면 어렸을 때부터 부모님이 어떤 일을 하는지 듣기 때문에 비교적 도움이 될 수 있겠지만, 태어날 때부터 사장인 사람은 없다. 집안 배경이 어떠하든, 그 사람이 자격을 갖춘 회계사든 변호사든, 고졸이든 대졸이든 상관없이 누구나 사장을 처음 하는 것이기에 누구에게나 평등하다. 그러므로 사장이 되는 방법에 대하여 배울 필요가 있고, 알아야 한다. 따라서 이 책에서는, 사장이라는 직업에 대하여 알아보는 '직업의 정석' 부분이 가장 중요하다고 할 수 있다.

사장에 관한 이야기는 한편으로는 조심스럽다. 사업이 나의 뒤전이자 곧 나 자신, 즉 사업이 본인의 "삶" 그 자체인 사장님이 많기 때문이다. 그런 사장님들의 사업 방식 역시 존중하지만, 나는 오히려 그런 사장님들께 본인의 사업에서 한 걸음 떨어져서, 더 나아가 '사장'을 그저 직업의 하나로 생각하는 걸 추천한다. 그 이유와 방법을 중심으로 직업으로서의 사장에 대하여 이야기해 보려고 한다.

— 직업으로서의 사장

미디어에서 유명한 기업가를 워낙 강조하다 보니 기업가(사장)는 대단한 사람, 특별한 사람이라는 인식이 있다. 그렇지만 이는 일종의 신화에 불과하다. 창업은 누구나 할 수 있는 일이다.

창업이 필수인 시대가 된 것에는 크게 두 가지의 요인이 있다. 첫째, 기존에 대기업을 들어가면 보장된다고 하던 정년 즉, '대마불사(大馬不死)'라는 말마저 깨지는 기업 변화가 발생하였다. 이제는 기업의 근로자로서 충성을 다한다고 해도 언제 근로계약이 해지될지 모른다는 불안감이 커지면서, 취업의 리스크와 창업의 리스크가 거의 동일해지는 시대에 우리는 살고 있다. 둘째, 최저임금이 빠르게 오르면서 편의점 최저임금과 대졸 사무직 초임 임금 간의 격차가 크지 않기에, 학위와 기술에 투자하던 청년들이 창업을 직업 선택의 하나로서 생각하게 되었다. 이러한 요인들로 청년들뿐만 아니라 은퇴 이후 인생의 제2막을 맞이하는 중·장년층 역시 창업을 진지하게 고민하고 있다. 이제 창업은 할 것인가, 말 것인가에 대한 선택이 아니라 할 수밖에 없는 시대에 접어든 것이다.

이런 상황에서 사장은 하나의 직업이 된다. 흐름을 잘 읽고 본인이 노력한다면, '창업'은 그리고 '사장이 된다는 것'은 기존의 개미와 같이 열심히 일하고 그 대가로 돈을 받는 굴레에서 벗어날 수 있는 "좋은" 직업이라고 할 수 있다.

● 나는 언제까지 사장을 해야 하는가?

직장에 다니면 근무 기간이 분명하다. 근로계약을 통해서 계약이 시작되고, 사직서를 쓰거나 회사에서 직원의 근로계약을 해지하는 순간 계약이 종료된다. 그러면 사장은? 사업은 언제까지 해야 하나? 여기서 일반적인 사람들은 "망할 때까지 해야 한다"고 말한다.

하지만 사실 망할 때까지 한다는 것은 사장의 세계를 잘 모르는 사람들의 이야기다. 사업을 언제까지 해야 하냐는 질문에 진정한 답변은 크게 세 가지다. 첫 번째는 회사가 상장 또는 다른 곳에 M&A가 되어 엑싯(EXIT)을 할 때. 두 번째는 회사의 시스템이 잡혀서 내가 없어도 유지될 때. 마지막 세 번째가 사람들이 소위 말하는 망할 때이다.

첫 번째 케이스인 '엑싯(EXIT)'은 뉴스나 신문에서나 본 이야기이다. 대기업이 어떤 스타트업을 큰 금액에 M&A 했다더라, 기업 가치가 1조라더라 하는 이야기는, 내 주변엔 없고 뉴스나 신문에만 존재한다. 그래서 사람들은 여기에 대해서 잘 아는 것 같이 말하지만 실제로 주변에서 접해 본 경험은 많지 않다. 그렇기에 많은 사장들이 EXIT을 희망하지만 어디서 어떻게 EXIT을 하는지에 대해서는 잘 알지 못한다. 두 번째 케이스인 시스템을 갖추어 사장이 필요 없어진 사람들은, 구태여 스스로 이야기를 하지 않고 조용히 사업하기에 사례를 접하기 힘들 뿐이다. 보통 사람들이 세 번째 케이스를 가장 흔하게 생각하는 이유는, 주변에서 결국 망하여 폐업하는 사례밖에 접해 보지 않은 탓이 크다.

"내 친구가 창업을 했어, 하지만 망했어, 그래서 다시 직장을 구하거나 다시 창업을 했어"라는 레퍼토리가 흔하다.

이 세 가지 케이스가 아닌 순간에 사장이 도망칠 수 있는 방법은 없다. 옵션은 오직 세 개뿐이다. 그렇기 때문에 사장이라는 자리를 그만두는 순간을, 적어도 우리가 망해서라는 3안과 회사를 매각해서 큰돈을 번다는 1안뿐이라고만 생각하지 말자. 빠른 시일 내에 회사 내부 시스템을 만들어서 사장인 내가 없어도 돌아갈 수 있도록 구조화시키자. '시스템'이라는 것은 사장인 내가 없어도 회사가 문제없이 돌아가는 방법론을 의미한다. 사장인 우리의 엔딩은 EXIT도, 망하는 것도 아닌, 내가 없어도 회사가 잘 굴러가는 것으로 설정해야 한다. 한마디로 말하자면, 하루에 많은 시간을 쓰지 않고도 지속적으로 수익을 창출하는 사장이 되자는 것이다.

• 나는 하루 종일 열심히 일만 하려고 창업한 걸까?

사장의 업무 방식을 바꾸면 하루에 2시간씩만 관리 업무를 하면서 매월 수백만 원 이상의 수익을 지속적으로 창출하는 것이 가능하다. 물론 하루 종일 열심히 일하는 것을 낙으로 삼는 사장도 있다. 모든 사장들에게 어떤 업무 방식이 더 낫다고 평가하기는 조심스럽지만, 대한민국의 많은 소자본 사장님들이 그저 개미처럼 묵묵히 일하면서 하루하루 메워 나가는 방식에 너무도 익숙한 것이 문제이고 안타까운 점이다.

우리가 창업을 결심하던 시기를 돌이켜 생각해 보자. 내 시간과 돈을 "시간당 몇천 원"이라는 방식으로 등가교환 하지 않겠다는 마음에 창업을 결심한 것이 아닌가? 그때 왜 그렇게 생각했는지를 거슬러 올라가면, 나의 삶, 내 가족, 친구들을 위하여 자유롭고 싶었던 게 가장 클 것이다. 시간과 돈, 에너지 그 무엇도 제약받지 않는 삶이 곧 창업의 계기였다. 하지만 정작 사업을 하다 보니 돈이 다시금 사업의 중심이 되고, 또다시 시간, 에너지, 나 자신이 없는 삶을 살게 되며 기대하던 상황과 반대가 되었다는 것을 상기시키자.

혹시 만약 당신이 스스로의 일에 대해서 시간적인, 에너지적인, 금전적인 보상에 대한 결핍을 느낀다면 확실히 업무 방식을 재점검해야 한다. 우리가 처음 창업을 결심했던 그때로 돌아가 보자. 돌아가 보면 삶의 질, 즉 내 삶의 주인공으로 살겠다는 열망이 1순위이다. 사업적인 구상은 나를 지속 가능하게 보존시켜 줄 수 있는 부차적인 것이다. 한마디로, 사업이라는 과정에서 주객이 전도된 게 아닌지 다시 생각해 보자.

나를 위해 나와 회사를 분리하라

사장은 외로운 직업이다. 내가 심지어 직원들에게 돈을 주는 역할을 하는데도 내 주변에는 아무도 없는 듯한 외로운 직업!

여기에서 사장은 '나'를 잃지 말아야 한다. "나=사장=회사"가 되면 절대 안 된다. 나라는 사람을 표현하기 위한 수단으로서 내가 직접 창업을 한 것뿐이고, 창업 과정에서 내가 맡고 있는 직책이 사장인 것뿐이다. 즉, 나를 잃지 말라는 건 내가 무엇을 좋아하고 어떤 일을 할 때 행복한지 아는 것이다.

사업을 하다 보면 매출이라는 방식을 통해 돈이라는 게 들어오고, 매출이 점차 오르면서 어느 순간 사업의 우선순위가 바뀌게 된다. 분명 내가 편하고, 하고 싶은 것을 하고, 돈을 많이 벌고 싶어서 창업하게 됐는데 주객이 전도되어 버리는 순간을 맞닥뜨린다. 내가 곧 회사가 되어서 일에만 몰두하여 나의 가족, 친구, 취미, 삶이 2등으로 밀려나는 때가 오게 된다. 이때에는 스스로에게 '우선 정말 일을 잘했다'고 칭찬해주자. 그리고 본인에게도 충분한 금전적, 시간적, 정신적인 보상을 해줬으면 좋겠다.

내가 이 책에서 독자로 상정한 '매출액 10억 미만의 사장님'들을 많이 만나 보면서 공통적으로 안타까웠던 것이 있었다. 바로 사장이 스스로를 보살피지 못하고 "주객이 전도된 삶"을 살고 있다는 점이었다. 이런 사장님이 운영하는 회사는, 사장이 부재하게 되면 회사가 굴러가지 않는다. 직원들은 사장의 눈치를 보며 근무를 하고, 사장에게 잘 보이기 위해서 열심히 일을 한다. 그러다가 만약 사장이 유고하거나 행방불명이 되면? 회사가 더 이상 운영되지 못한다. 그러다 보니 사장들은 더욱더 일과 자신의 삶을 교환하여 더 많은 시간을 일에 매몰되어 보낸다.

다시 한번 강조하지만,
내일 죽더라도 이 회사가 돌아가도록 만드는 것이 나의 미션이고,
사장이 개인의 미션을 수행해야지만 회사가 더 건강하게 운영될 수 있다.

또다시 강조하지만,
사장인 내가 내일 죽더라도 내 회사가 잘 돌아가도록 만드는 것이,
회사가 더 건강하게 운영될 수 있는 가장 중요한 미션이다.

- 사장을 사장답게, 조직을 조직답게

내 모든 것을 회사에 다 바치겠다고 생각하여 하루 종일 일하는 것이 아닌, 나 없이도 운영되는 회사를 지향하는 것이 진정한 사장의 책무라 할 수 있다. 즉, 사장이 업무에 매몰되는 것보다 조직에서 스스로 선순환을 일으키는 것이 더 효율적임을 이해하는 것이 사장다움의 첫 걸음이다.

시스템이 없는 기업의 사장은 내 모든 것을 다 바쳤기에 스스로에게 최대한 많은 급여를 주려고 한다. 즉, '보상심리'라는 게 발현된다. 이게 비단 돈에만 영향을 주는 것은 아니다. 직원들을 대할 때도 '어떻게 하면 직원들을 더 많이 일하게 하고 비용을 줄일까?' 하는 관점이 생긴다. 결국 직원뿐 아니라 사무용품 하나하나까지 구두쇠처럼 비용을 최대한 아끼고, 그 결과인 이윤들은 "내가 더 많이 가져가야지" 하는 보상심리로 변하고 만다.

반면, 시스템이 있는 회사는 사장이 없어도 운영되기 때문에 사장 스스로에게 보상심리가 줄어든다.

오히려 "내가 하루에 2시간만 일했는데 월 소득이 5백만 원이 생기네? 감사하다. 직원들한테 더 잘해 줘야겠다"라는 감사의 마음이 생기게 된다.

이처럼 사장이 회사의 시스템과 직원, 자신이 만나는 모든 사람들에게 사소한 것에서부터 감사함을 느끼면, 이때 '낙수효과'가 발생해서 직원들이 더 열심히 하게 되고, 거래처들도 내 일을 정성을 다해 처리해 주고 능률도 올라가게 된다. 말 그대로 조직이 조직으로서 계속 굴러가게 된다.

사장이 덜 가져가면 회사는 여유로워진다. 그 이유가 꼭 재무적인 요소만을 포함하는 것은 아니다. 시스템을 갖추지 못한 사장은 항상 '결핍'이 있다. 시스템을 갖춘 사장은 항상 '감사'가 있다. 이 둘은 정말 차원이 다른 차이다. 시스템이 있으면, 사장 입장에서는 하루에 2시간만 일해도 돈이 생기기 때문에 직원들에게도, 고객들에게도 감사하면서 좋은 시너지가 나온다. 시스템이 없으면 사장은 항상 결핍이 있어서 시야가 더 좁아지며, 여기서 혹여나 회사가 망하진 않을까 하는 우려에 소위 '발악'을 하게 된다.

사업은 결국 자본의 규모와 시스템에 따라 운영되는 것이다. 매출액이 10억일 때는 10억 비즈니스에 맞춰서 일을 하면 된다. 그 안에서 내 수익만 지속적으로 남길 수 있다면 직원들도 사장 없이 행복하게 일할 수 있다.

- **사장은 "지금 그 이후"를 생각해야 한다**

창업을 하는 과정에서 사장이 되면 기업의 A에서 Z까지를 다 경험하게 된다. 전쟁으로 따지면 내가 칼을 잘 쓰지도, 활을 잘 쏘지도 않는데 전쟁터에서 통솔하는 장군이 되는 것이다. 처음에는 고될 수 있으나, 사업 확장의 측면에서 이 모든 과정은 당신에게 매우 훌륭한 자산이 된다.

첫 번째 사업을 망하지 않는 정도로 했다면, 두 번째는 훨씬 쉽고 잘하게 된다. 그 이후의 사업은 전보다 더 잘할 수 있고, 이 같은 과정을 반복하다 보면 사장은 사업 그 자체에 자신감을 가지고 더 잘할 수 있다. 근래 언론에서 '연쇄창업가-Serial Entrepreneur)'라는 말이 유행하고 있다. 한국뿐 아니라 미국을 포함한 전 세계적으로 연쇄창업가가 투자를 더욱 잘 유치하고 투자자로부터 신뢰를 받는다. 연쇄창업가는 시스템을 만들어 놓고 기업을 매각하거나, 본인이 해당 사업에서 아웃하여 기업의 회장 또는 부사장직만을 유지하는 캐쉬카우(Cash-Cow)로서 해당 비즈니스를 유지하며 새롭게 창업하는 방식을 택하고 있는 사람을 말한다.

현 매출을 1억에서 100억으로 키우고 싶은가? 이 과정에서 역시, 많은 사장들이 잘못 생각하고 있는 부분이 있다. 한 기업을 1억에서 100억으로 성장시키는 과정은 정말 어렵다. 어쩌면 불가능하다고 봐야 한다. 그러나 흐름이 있는 연속적인 창업을 한다면 그 사장에게는 100억이 가능하다. 처음에 10억 비즈니스였다면 이후 사업은 20억, 50억 비즈니스를 하는 과정을 통해, 결국 100억의 비즈니스의 사장으로서 설 수 있게 된다. 즉 사장이 생각해야 하는 것은, 비즈니스 하나를 통해서 100억을 달성해야겠다는 것보다는, 소규모 비즈니스를 시작하여 지속적인 수입의 파이프라인을 확보한 후 연쇄창업을 통해 더 큰 규모의 비즈니스를 하는 것이다. 이후 초기 창업에 경험과 자산을 바탕으로 50억 비즈니스를 만들고, 이를 바탕으로 100억의 비즈니스를 만들어 내는 가치의 전환이 필요한 시점이라 말하고 싶다.

이를 학술적인 단어로 '사업의 레버리지(Leverage)화'라고 표현한다. 창업의 반복 과정을 통해 사업의 규모를 확장하는 것을 의미한다. 현재 이 시대에 레버리지가 될 수 있는 것은 자본밖에 없다. 그러나 이 초기 자본을 다시금 사업으로 변화시켜 10억, 50억, 100억의 비즈니스로서 확장시킨다면 자본이 아닌 사업 자체를 레버리지로 활용할 수 있다.

성공이라는 고지를 점령하는 사장의 자세

● 베이스캠프 구축: "날려도 되는 시간, 자본"을 설정해서 창업하라

요즘 스타트업 업계에서는 "스타트업 대표병"이라는 말이 있다. 이는 최근 대세가 블록체인이라고 하면 블록체인 회사를 만들어 명함을 파고, 사람들과 사업 이야기를 핑계로 술자리를 가지면서 그 과정 속에서 자신이 엄청 대단한 사람이라고 착각하는 사람을 의미한다. 그러다 핀테크가 유행하면 핀테크 회사로 바꿔 '핀테크 합니다'라며 명함을 주고 우쭐거린다. 스스로 스타트업의 대표라고 자위하지만 실제로 1원의 매출도 발생하지 않는 유령 회사의 대표일 뿐이다. 이는 그저 "대표"라는 직함을 즐기는 "대표 중독자" 중 한 명으로 볼 수 있다.

이런 자기도취에 빠지지 않기 위해서는 '고시생'처럼 시간을 정해 놓아야 한다. "2년 안에 해 보자!" 다만 여기에 시간과 자본을 함께 고려한 기준이 필요하다. 그래서 창업을 시작하는 사람들에게 꼭 이야기하는 것 중 하나가 '날려도 되는 시간, 자본 그리고 내 사업의 최소 기대수익'을 설정해 놓으라는 것이다. 예컨대 미리 "내가 2년 동안(기간) 3천만 원(예산)을 사업에 활용할 것이며, 한 달에 이익 3백만 원(목표)을 벌겠다!"라고 기준을 산정하는 것이다. 이는 사업에 손절할 수 있는 최대의 폭을 기간, 예산, 목표를 두고서 사업을 시작하는 방식이다.

이런 경우 사업 지속의 판단 근거가 될 성과 지표도 분명해진다. 내가 2년이 지났을 때도 목표에 도달하지 못했거나, 1년 만에 3천만 원을 다 써 버리게 됐다면 사업을 접고 빨리 다른 사업 또는 취업을 준비하면 된다. 만약 1년 안에 월 이익 3백만 원을 벌었다면 정말 사업이 적성에 맞는다고 보면 된다.

앞서 세운 기준은 사업의 1차 목표이며, 2차 목표는 1차 목표 달성 이후에 작성하면 된다. 성공 혹은 실패로 해당 결과에 도달하게 되면 그때 다시 중간 점검을 해야 한다. 성공적으로 1차 목표를 달성했다면, 시간과 금액을 다시 설정하여 "다음 목표는 영업이익 월 천만 원이야"와 같은 2차 목표를 정한다.

앞선 예에서 월 3백만 원은 회사의 영업이익이다. 물론 회사가 3백을 벌었을 때 이 돈을 자신에게 월급으로 주면, 회사에 남는 돈은 0원이 될 수도 있다. 이런 대목에서, 회사를 키우려면 내 월급은 최저로 가져간다는 계획을 세우는 것이 낫다. 즉, 1차 이익 목표는 사업의 순영업이익으로 세워야 한다! 그래야 나중에 친구를 만나던, 투자자를 만나던 어디에서도 "저희가 한 달 동안 매출은 이만큼 했고, 실제로 정산하니 한 달에 3백만 원이 남았습니다. 저의 비즈니스 모델은 충분히 사업성이 있는 겁니다!"라고 증명할 수 있다.

세상에 잃어도 되는 시간은 일분일초도 없고, 날려도 되는 자본은 단돈 백 원도 없다. 하지만 이러한 제한 기준(상한선, 하한선)을 설정해 놓지 않으면 사업에 무작정 몰두하는 기간이 길어지고, 조금만 더 하면 될 것 같다고 생각하면서 비용 및 시간적 손해를 본다. 제한 기준 없이 사업이라는 과정에서 '스타트업 대표병'이라는 자아도취에 빠지게 되면 결과 없이 시간만 보내는 '만년고시생'과 다름없게 된다.

이러한 제한 기준을 통해 성공적으로, 내가 3백만 원을 가져가고도 회사에 순영업이익 3백만 원이 남는다면? 이건 어떤 의미일까?

단순하게 생각해 보자. 나를 대신할 관리자를 채용한다면, 사장인 나는 일을 하지 않고도 회사의 잔여 이익 3백만 원을 벌 수 있게 된다. 이것이 회사 시스템 도입의 첫걸음이라 할 수 있다. 위에서 언급한 월 3백만 원의 불로소득(업무의 시간을 투자하지 않고도 버는 소득)을 획득

할 수 있다는 것은, 아파트의 순 월세가 해당 매매가의 3%라고 가정한다면 약 10억짜리 아파트(부동산)를 소유하고 있는 것과 같은 의미이다.

10억 원의 부동산을 소유하기 위해서는 연봉 4천만 원의 근로자가 25년 동안 한 푼도 사용하지 않고 모아야 한다. 즉, 창업을 통해 빠른 기간 내에 사업을 시스템화하여 지속적이고 안정적인 소득을 발생시키는 것이, 경제적 자유라는 목표를 달성하는 시간적 측면이나 확률에 있어서 훨씬 효율적이라는 것을 사장은 기억해야 한다.

● 베이스캠프 떠나기: 익숙해져선 안 된다

사장에게는 자극이 필요하다. 그런데 이 자극이라고 하는 것은 "자극을 받아야지"라고 사장 스스로 다짐을 해서 생기는 게 아니다. 오히려 자극이라고 함은 우리가 의도치 않고 예상치 못했을 때 다가오는 법이다. 우리가 살면서 '자극받았던' 경험을 떠올려 보자. 예상치 못한 순간 번쩍 오는 것이 바로 자극이다.

그럼 어떻게 해야 사장이 자극을 받을 수 있을까?

사장들이 편하게 도전해 볼 수 있는 것은 대학원이라고 생각한다. 이미 대학원을 나온 사람이라면 MBA(Master of Business Administration)를 이수하는 방법도 있다. 또는 대학원마다 설치되어 있는 '경영자 과정'을 다녀 보거나 수업을 들어 보라고 권유하고 싶다.

"내가 저 교수보다 돈도 더 많이 벌고 비즈니스도 잘 아는데 뭐 하러 배워?"라는 생각도 할 수 있으나, 실제로 대학원에서 제공하는 프로그램은 생각보다 새로운 것, 배울 것으로 가득하다.

사장들이 사업 과정을 통해 가지고 있는 자산은 대부분 경험 기반의 지식이다. 이 경험이라는 것은 나 혼자 가지고 있으면 경험 또는 추억에서 끝난다. 향후엔, 내가 해 본 적은 있는데 정확히 기억나지도 않을뿐더러, 다시 해야 할 때 똑같은 시행착오를 겪기도 한다. 하지만 '수업(Class)'이라는 고찰의 시간을 통해, 경험 기반의 지식을 문장으로 정리하거나 다른 사람들과 나눌 수 있게 된다. 말과 글을 통해 외부로 표현되어야만 나의 경험은 진정한 교훈이 되고, 다른 사람에게 주거나 나눌 수 있는 문장(Statement)으로 변한다.

많은 사장들을 만나다 보면 그들의 생생한 경험이 단지 경험에서 끝난다는 게 참 안타깝다. 주변 사람들이나 직원들에게 "내가 이 문제를 해결하는 방법에 대해 알고 있다!"라고 표현하기 원한다면, 열 마디 말보다는 문장으로 남기는 과정을 택하라. 학교에 가면 의도적으로 계속 이런 과정을 겪게 된다. 논문을 읽고, 팀 프로젝트를 하고, 교수를 통해 이론을 기반한 새로운 관점의 통찰력을 배우고, 학우들과 토론하며 각자의 경험을 나눔으로써 경험을 진정한 지식으로 변화시킬 수 있다.

우리가 좋은 대학을 가는 것은 매우 어렵지만, 최근 학령인구가 줄어들면서 대학에서는 평생교육의 일환으로 대학원 과정을 신설하고 있어서 좋은 대학원을 가는 것은 비교적 난이도가 쉬운 편이다. 다신 시간, 돈, 에너지가 필요하다. 내 사업에 당장 쏟을 자원을, 장기적 안목에서 자극을 얻는 과정에 투자한다면 향후 더 큰 수확으로 돌아올 수 있다.

효과적인 자극을 얻는 또다른 방법은 의도적으로 다양한 사람을 만나는 것이다. 이는 사업뿐만 아니라 사장으로서의 마인드를 지키는 데 필수적이다. 새로운 사람들과 같이 골프를 치든, 밥을 먹거나 술을 마시든, 모든 행위들이 나에게 새로운 영감을 줄 수 있다. 그 영감은 내가 어떻게 회사를 운영해야 할지에 있어서 좋은 영향력을 준다. 그렇기에 사장은 시간을 내서, 의도적으로 자극을 쫓아야 한다.

학위처럼 새로운 자극이 있는 삶을 만드는 게 시간적으로, 경제적으로 쉽지 않다면 가까운 취미 학원이라도 하나 등록해 보자. 새로운 환경에 있을 때 인간은 누구나 적응하겠다는 본능이 앞선다. 그리고 그 적응 과정 역시 자극으로써의 효용 가치가 충분하다. 이는 반복되는 삶을 '포기하고' 다른 것을 하라는 말이 아니다. 새로운 사람과 그 삶을 나누고, 새로운 환경에 들어가 보면서 내 사고의 신선함을 유지하자는 것이다. 앞서 추천한 새로운 동료 및 교수들을 만나는 양질의 장인 대학원뿐 아니라 가까운 취미 학원 또한 방법적으로 충분한 자극이 될 수 있다. 기왕이면 학위로 남거나 평생 다룰 수 있는 악기나 운동처럼, 나 자신에게 오랫동안 영향을 줄 수 있는 그런 자극을 선택하는 걸 추천한다.

어른이 된다는 것은 익숙해진다는 것이다. 익숙해지기 때문에 특정 문제에 대해 잘 안다고 흔히들 생각하게 된다. 즉, 익숙해진다는 것은 더 이상 자극을 받지 않는다는 것이다. 반대로 아이들은 모든 게 새롭다. 모든 것에 있어서 새로 적응하려고 하니 재미가 있고, 그러다 보니 무언가에 더 열중할 수 있게 된다. 아이들은 전부 새로운 것들로 가득 찬 세상에서 성장한다.

사업의 초기에는 많은 사장들이 성장을 한다고 느낀다. 그러다가 어느 순간 지루하고 지치게 된다. 처음에는 창업을 해 보지 않은 단계이기에 기업의 성장 과정마다 학습을 하며 자극을 얻게 된다. 때문에 창업 첫해는 모든 것이 즐겁다.

부가세 신고, 임대차 계약서, 고객을 만나서 매출을 올리는 것도 처음이니 모두 재밌다. 그러나 그 이후에는 분기마다 돌아오는 부가세 신고와, 1년마다 반복되는 결산 등 반복적인 업무를 수행하게 된다. 말 그대로 재미가 없을 수밖에 없다. 일에 능숙해지지만 동시에 더 이상 재미가 없어지게 되는 것이다. 물론 이것은 창업자나 직장인이나 모두 똑같다. 하지만 이런 능숙함 속에 직장인은 연봉이 오르고 동료들과 함께 성장하는 재미라도 있는 반면, 사장들은 그런 재미가 하나도 없다. 사장들 마음속에서 오는 이런 익숙해짐의 사이클을 극복하기 위해서는 앞서 말했듯 회사 내부에서보다는 회사 밖으로 눈을 돌려 활력을 찾아야 할 것이다.

우리가 인간으로서 하는 모든 일의 목적은 셋 중에 하나로 귀결된다. 재미가 있거나 교훈을 얻거나 아니면 감동을 받거나. 사람들은 이를 위해 시간과 돈을 써 가면서 살아가고 있다. 나에게 재미, 교훈, 감동을 줄 수 있는 게 무엇일지 사장 스스로 고민하면 좋겠다. 특히 이 책의 독자 중 매출이 10억 미만인 사장들은 정말 매일 치열한 삶을 살아가고 있을 것이다. 이런 사장일수록 외부에서 재미, 교훈, 감동을 찾을 수 있는 활동들을 해 보라고 꼭 말해 주고 싶다. 아이처럼 재미있게 일할 수 있어야 더 높은 고지로 올라갈 수 있다.

- **정상에 도달하거나 실패하거나: 그래도 사장이라는 직업이 남기는 것**

우리가 창업을 하는 목적은 시간적으로 자유롭고 싶다, 금전적인 풍요를 얻고 싶다, 재미있는 삶을 살고 싶다, 나의 에너지와 동기를 활용하고 싶다, 좋은 아이템이 있다, 평생 직업을 갖고 싶다, 자아를 실현하고 싶다 등 여러 가지 목적이 있을 수 있다.

이러한 목적 가운데, 가장 기저에는 '창업을 통해 먹고살기 위해서'로 수렴된다. '어떻게 하면 그 경로에 효과적으로 다다를 수 있는지' 향후 《사장의 정석》의 인사, 경영, 투자, 영업의 정석에서 더 많은 이야기를 나눌 것이다. 그러나 만약 사업에 실패한다면? 내 인생도 실패한 인생이 되는 것일까?

정답부터 이야기를 한다면 결코 그렇지 않다는 것이다. 사업 전과 후의 당신은 확실히 달라져 있을 것이다. 성취감, 논리적 사고, 자본주의 시스템의 이해 이 세 가지 측면에서 당신은 훨씬 성장해 있을 것이다.

1. 성취: 무에서 유를 만들어 본 사람

첫 번째로는 창업이라는 과정을 통해 무에서 유를 만들어 가는 과정을 배울 수 있다. 일반적으로 우리가 살면서 무에서 유를 경험해 보는 과정은 사실 딱 하나밖에 없다. 아이를 낳는 것. 태어날 때부터 부모인 사람은 없다. 부모는 결혼을 하고 출산을 통해 부모가 되는데 이것은 생애 처음 겪는 일이다. 그 누구도 태어남과 동시에 부모가 되는 사람은 없다.

그러나 또 하나 무에서 유를 경험하는 과정이 있다면, 바로 이 창업이다. 세상에 존재하지 않았던 것에 내가 이름을 붙인다. 법인을 설립하고, 상호를 정하며 이후 등록을 통해 사업자를 독립된 법인격체로 만드는 과정. 이 모든 것은 "0"에서부터 쓰이는 스토리이다. 그리고 이를 경험해 본 사람은 정말 많지 않다. 오직 창업자만이 느낄 수 있는 경험이다. 그러다 보니 무에서 유를 창조하는 과정에서 얻을 수 있는 가장 큰 것은 "성취감"이다. "I Can Do It!" 당연히 잘되면 좋다. 하지만 실패하더라도 창업을 하게 되는 순간부터 당신은 다른 사람이 경험해 보지 못한, 새롭게 만들어 나가는 성취감이 무엇인지를 알게 된다.

2. 기획과 설득: 논리적 사고

두 번째는 창업으로 기획과 설득의 연속을 통해 배우는 것들이다. 특히 우리나라 사람은 더더욱, 누군가 시킨 것을 수행하는 데 익숙하다. 학창 시절 공부하라는 잔소리에 공부했고, 시험 보라고 해서 시험공부를 했고, 군대어 가서도 시키는 것만 했다. 어쩌면 사람들은 누군가 시키는 것을 이행하는 데 익숙한 그런 존재인지도 모르겠다.

하지만 창업은 익숙해진 것에서 벗어나 내가 주체가 되어 다른 사람을 설득해 나아가는 과정의 연속이다. 설득하기 위해서 사전에 기획을 한다. 이 과정을 통해 논리적인 사고를 터득할 수 있다. 기획과 설득을 해 보지 않았던 사람들도, 창업하는 과정을 통해 "말이 되는" 주장을 결치기 위한 노력을 펼치게 된다. 기획 이후 실행 단계에서도, 고객에게 제품이나 서비스를 판매하는 행위 자체까지도 사업은 시작부터 종료까지 기획과 설득의 연속일 것이다.

뿐만 아니라, 창업 과정에서 발생하는 채용, 경영 관리, 영업, 마케팅, 개발도 마찬가지다. 이는 모두 사전에 기획하고 다른 이를 설득하는 과정이다. 업무를 수행하면서 사장이 되기 전에는 대충 넘어갔던 것들, 문제시하지 않았던 것들을 발견하게 되고 현장에서 활용 가능한 논리적 사고를 배울 수 있게 된다.

3. 돈의 가치: 새로운 전환

세 번째는 많은 사장들이 놓치고 있는 부분이기에 강조하고 싶다. 즉, 남한테 돈을 받기만 했던 99%의 사람과 남에게 돈을 준 적이 있는 1%의 사람은, 돈을 바라보는 사고와 인식의 차원이 다르다. '내가 더 열심히, 성실히 일하면 돈을 더 많이 받을 수 있구나' 하는 것은 동화책에도 나오는 당연한 이야기이지만, 사업을 운영하는 사장에게는 성실함이 부의 성공을 100% 보장하진 못한다는 현실이 얼마나 괴로운가?!

특히 다른 사람한테 급여의 형태로 돈을 줘야 하는 사장의 입장에서는, 우선 돈이 있어야 된다. 그리고 이 돈을 마련하려면 내가 물건을 팔거나 서비스를 제공해서 고객에게 돈을 받아야만 하는 '돈의 순환'을 경험하게 되고, 이러한 경험 속에서 돈을 바라보는 관점이 달라진다. 즉, 우리가 자본주의에 살고 있다고 하지만 "정말 자본주의에 살고 있구나!"에 대해 피땀과 눈물로 배우는 사람들이 바로 사장이다.

창업하고 실패한다 할지라도 이런 경험을 바탕으로 다시 직장에 들어가 보면 정말 기존과는 차원이 다르게 일을 할 수 있게 된다. 그뿐만 아니라 창업했다가 실패하고 다시 창업을 할 때 더 잘할 수 있는 이유는, 창업을 해 보지 않았던 사람은 결코 알 수 없는 분야의 학습들이 내면에 점점 쌓여 나가기 때문이다. 그러니 사업을 두려워하거나 짧게 볼 필요는 없다.

직업의 정석을 마치며

우리는 직업의 정석 챕터를 통해 창업이 더 이상 남의 이야기가 아닌 나의 이야기임을 알 수 있게 되었다. 또한 창업 후 사업을 나와 동일시 하는 것에서 벗어나, 직업으로서 나의 금전적 자유와 시간적 자유를 얻기 위한 수단으로 바라봐야 한다는 점을 알게 되었다. 그뿐만 아니라 나의 목적을 달성하기 위해 투입할 수 있는 시간적, 자본적 제한을 두고 정확한 수익의 목표 금액을 설정하여 사장으로서의 직업을 가져야 함에 대해 알게 되었다. 또 사장은, 외부의 자극을 충분히 즐기면서 성취감과 기획력, 더 나아가 돈의 가치에 대한 새로운 인식으로 자본주의에서의 주인으로 살아야 함에 대하여 학습하였다.

MEMO

사장의 정석

두 번째 정석
인사의 정석

어려운 "사람 문제"

인사의 원칙: 사람을 뽑는 법

인사에 관한 몇 가지 스토리

인사의 정석을 마치며

사장의 정석
【두 번째 정석: 인사의 정석】

—   어려운 "사람 문제"

최근 창업하는 스타트업을 보면 팀 창업이 유행이다. 스타트업 초기에 4~5명의 핵심 멤버들이 온전히 헌신하여 사업을 밀어붙이는 방식이다. 그러나 대부분의 많은 사장들은 보통 혼자 창업을 한다. 팀 창업은 네트워크가 이미 있는 소수 사람들의 이야기에 가깝고, 사실은 내부적 리스크도 큰 방식이다. 과거엔 '친구'와 창업을 하는 경우도 많았다. 그러나 시간이 지나면서 결과적으로 아무리 친한 친구라도 사업을 같이 진행하기에는 우정과 사업 모두 잃을 수 있다는 리스크가 여전한 상황이다.

이런 전반적인 상황을 바탕으로, 우선 '1인 사장'을 염두에 두고 인사 문제를 어떻게 풀어나갈지 나누고자 한다. 아래에 더 이야기하겠지만, 인사를 현명하게 하려면 바로 앞 직업의 정석에서처럼, 직업으로서 사장다운 마인드에 더하여 사장의 비전(Vision)이 중요하다. 당신이 인사를 고민해야 할 타이밍은, 업무를 함에 있어 "사장인 내가 이 일까지 시간을 내어야 할 만큼 이 일이 중요한 일인가?"라는 생각이 들 때이다.

인사란 사업의 전부이다. 내가 모든 것을 할 수 없기 때문에, 나를 개신해서 직원들에게 근로계약을 통해 권한과 책임이라는 것을 부여하고 일을 진행하게 된다. 만약 직원들이 제대로 본인의 업무를 수행하지 못하면 결국 또 사장인 나에게 모든 일들이 넘어오게 된다. 그렇기 때문에 정확한 업두 지시, 그리고 직원들이 이 일을 통해 무언가를 얻을 수 있게끔 하는 성취감까지 고려하여 조직을 세팅해야 된다.

대부분의 많은 중소기업들이 인사를 잘하지 못한다. 심지어 인사가 중요하지 않다고 생각하는 곳도 있다. 중소기업의 경우 사장이 인사에 대해서 배울 기회가 많지 않다 보니, 내가 돈을 줬으니 저 직원은 나에게 충성해야 한다는 구시대적인 사고에 머무르는 사장 또한 많은 것이 사실이다. 그러나 인사는 조직의 미래와도 관련된, 무엇보다 굉장히 중요한 요소이다.

● **나쁜 회사, 나쁜 사장은 있어도 나쁜 직원은 없다!**

'나쁜 직원'이라는 게 있을까? 기본적으로 직원이라 함은 직원의 시간과 돈을 등가교환 하겠다는 목적으로 회사에 들어온 사람이다. 직원이 계약한 시간에 대해서 근태가 엉망인, 즉 업무 시간에 사적인 업무를 한다거나 놀거나 하는 극단적인 경우는 굳이 논할 가치가 없다. 이는 나쁜 직원도 아니고 기업에 같이 속할 가치가 없는 사람이기 때문에 내보내면 된다.

우리 사장에게 '나쁜 직원'이란, 실제로 이 직원이 기업에 부가가치를 창출하는 돈과 내가 직원에게 지불하는 비용을 비교했을 때 후자가 크면 나쁜 직원이라 판단해야 한다.

부가가치 창출/비용(월급) 〈 1

직원 고용의 원리는 자본주의에서 너무나 간단하다. 위의 수식에서 회사에게 1 이상의 부가가치를 내어 줄 수 있다면 직원 본인은 몸값을 하는 셈이다! 그리고 1 미만이 되면 바로 나쁜 직원이 된다. 즉, 내가 이 사람한테 3백만 원을 주는데 이 사람이 회사에다 기여하는 건 2백만 원뿐이라면, 그것은 곧 나쁜 직원이 된다.

그렇다면 이제 이 분자와 분모를 어떻게 규명할까? 사장들은 비용, 즉 직원의 월급만을 바라본다. 비용은 상대적으로 쉽게 파악이 가능한 지표이다. 반면 분자인 '부가가치를 창출하는 능력'은 어떻게 알 수 있는가? 사실 대부분 소규모 사업장에서는 이 분자를 측정하거나 계산할 수 없는 회사들이 훨씬 많다. 계산할 수 없는 환경이라는 것은 엄밀히 말해 회사가 직원에게 구체적인 업무의 성과와 기대에 대한 기준을 제시하지 못하는 상태라고 볼 수 있다. 이런 경우에 사장이 직원에게 "왜 이렇게 산출이 적냐!"며 직원의 탓만을 할 수는 없다.

다시 말해, 우리는 나쁜 직원이 무엇인지 정의하려고 했지만 결국 나쁜 직원은 없었다. 대부분 사업장에는 회사가 직원을 활용함에 있어 직원의 부가가치를 측정할 수 있는 툴(Tool)조차 없다는 것, 즉 회사가 직원에게 구체적인 달성 목표를 정해주지 못하는 그 자체가 문제인 것이다. 그렇기 때문에 결론적으로 나쁜 직원이라는 것은 없고, 직원을 평가할 툴조차 없는 나쁜 회사, 나쁜 시스템만 있는 것이다.

● 우리 직원 1명의 부가가치는?

직원 한 명의 부가가치를 평가하는 기존의 평가 방식은 이 사람이 한 달 동안 만들어 내는, 즉 창출하는 양을 측정하는 방식이었다. 이 방법은 제조업에서 효과적이었다. 한 달에 백 개를 만들었는데, 단가가 만 원짜리이고 재료비가 2천 원이라고 하자. 그럼 직원 1인이 한 달에 기여하는 부가가치는 80만 원이다. 이 직원에게 50만 원의 월급을 줬다면 위의 수식이 1보다 커진다. 이런 경우 해당 직원은 '좋은 직원'으로 평가받았다.

하지만 이는 제조업과 같이 수치적인 산출물이 발생하는 업에서만 활용이 가능한 방식이며, 서비스업, S/W개발업 등 최근의 사업 아이템에서 활용하기에는 많은 제약이 있다. 많은 사장님들이 공통적으로 묻는 질문은, '직원의 부가가치 창출은 어떻게 알 수 있나요? 어떻게 측정하나요?'라는 것들이었다. 하지만 책을 읽는 독자들의 비즈니스 모델이 저마다 다르므로, 이 책에서 이에 대한 명확한 정답을 제시하기에는 한계가 있다.

이에 사장들에게 가장 기본적인 몇 가지 인사 목표 관리 프레임워크를 소개하자면 KPI(Key Performance Indicator), MBO(Management by Objectives) 그리고 최근의 OKR(Objective and Key Result)까지 다양한 방식들이 있다(더 궁금한 사항은 검색을 통해 직접 찾아보길 바란다).

사실 중소상공인 사장의 경우 해당 프레임워크별 학술적 정의나 차이에 대하여 집중하기보다는, 이들이 공통적으로 이야기하는 "조직 전체가 같은 목표를 나누고, 사장이 빠른 피드백을 줄 수 있도록 하는 것"을 목표로 하여 본인의 사업에 최적화된 인사고과 평가 시스템을 찾도록 노력해야 한다.

즉, 기존에 직원의 성과를 측정하는 기준이 없던 인사 시스템에서는 직원 한 명이 실질적으로 얼마나 조직에 기여했는지에 대해서는 도무지 알 수가 없었다. 그렇기에 사장은 인사에서도 시스템 구축을 해야 할 필요가 있다. 나에게 맞는 인사고과 평가 시스템을 발견하는 과정은 다음 인사의 정석을 통해 단계별로 알아보도록 하자.

● 시대 변화에 맞는 유연한 인사 시스템

조직이 작을수록 직원을 평가하는 작업 역시 별도의 업무가 되기에, 자원 배분상 고과 평가에 투입되는 자원의 제약이 크다. 그럼에도 불구하고 인사의 정석을 아는 사장이라면 최근의 시대 변화를 바탕으로 늘 인적 자원의 인풋(Input)과 아웃풋(Output)에 대한 계산을 빼 놓지 말아야 한다.

많은 기업에 연봉제가 정착되면서 호봉제를 쓰는 곳은 거의 없다. 연봉을 협상할 때, 사장은 "직원이 더 열심히 일하여 더 많은 부가가치를 창출해야 한다!"고 하고, 직원은 "내가 한 해 동안 기업을 위해 이런 일을 했다!"고 하는 주장의 반복이다. 하지만 앞서 이야기한 대로 제조업이 아닌 이상, 직원의 부가가치 창출에 대한 갑론을박에서는 수치가 없는 정성적인 논란이 계속될 수밖에 없다. 기업에서도 평가가 어렵고, 종업원도 내가 잘했다고 말하기 어려운 상황이다.

요즘에는 직원이 이직 사이트에서 자신의 몸값을 알아보고, 그다음 연봉을 협상 대 사용하는 새로운 방식이 떠오르는 추세이다. "저, A라는 회사에서 연봉 3천8백만 원을 제안받았는데 사장님은 제게 3천5백만 원을 제안주신 거네요? 저는 다른 데 가겠습니다." 그럴 때 사장 입장에서는 다급하게 계산기를 두드려 보게 된다. 3천8백만 원으로 계속 채용할 것인가, 3천5백만 원으로 새로운 사람을 고용하는 것이 나을까? 이런 식으로 최근 근로자의 연봉은 임금 시장의 시세에 따라 몸값이 결정되기도 한다. 기존의 회사에서 직원에게 급여를 제안하던 연봉제와는 전혀 다른, 직원이 자신의 몸값을 시세에 따라 사장에게 제안하는 새로운 시대가 온 것이다. 그렇기 때문에 사장들은 단순하게 회사 내부로만 시선을 둘 것이 아니라 회사 외적으로, 고용 시장 관점에서 직원을 바라보는 안목 역시 필요한 시점이라 할 수 있다.

뿐만 아니라, 직원들 입장에서도 몸값을 올리기 위해 계속 노력하고 있다. 직원들도 자신들의 몸값을 챙기기 위해서 세상의 흐름에 예민해지는 시대가 되다 보니, 직원들에게는 더 이상 직장에 커다란 의미를 두지 않는다. '직장(場)'은 그저 현재 입고 있는 옷의 브랜드일 뿐, 본인이 종사하는 '직업(業)'의 진정한 가치만이 이들을 평가하고 급여를 책정하는 기준이 되고 있기 때문이다. 사장들도 한편으로는 이러한 변화들을 이해하면서, 한편으로는 본인의 사업 인사 시스템에 적용하여 고민하는 과정도 필요하다.

인사의 원칙: 사람을 뽑는 법

많은 사장님들이 '대체 사람은 언제 뽑아야 하는가?'라는 질문을 가장 먼저 한다. 이에 대한 모범 답안은 사업을 하다가 '내가 이 일을 다 할 수 있긴 한데, 정말 중요한 게 뭐지?'라고 떠오르는 그 순간이다. '채용을 하던 외주를 주던, 내가 이 오만 가지 일을 하는 시간에 차라리 내 사업을 더 고민하는 것이 더 옳지 않을까?' 하는 생각이 드는 바로 그 때가 사람을 뽑아야 할 타이밍이다. 당장 눈앞에 있는, 낮은 부가가치의 일을 처리하느라 사장이 우리 회사의 내일, 모레를 그리지 못한다면 그것은 매우 잘못된 선택이다. 창업, 사업, 스타트업에서는 인사가 9할이다. 내가 사람을 잘 쓰고 있는가? 다음 단계를 통해 같이 점검해 보는 것이 필요하다.

• 1단계: 안 사람과 바깥 사람 구분하기

조직에 '사람이 필요하다'고 할 때에는 3가지 방법만이 존재한다.

"팀 멤버"를 모집할 것인가, "직원"을 채용할 것인가, "외주"를 줄 것인가? 인사 채용과 배치에서의 판단 역시 그 직무의 부가가치를 기준으로 기업 인사 판단의 중심이 되어야 한다. 지극히 사소한 일은 차라리 외주를 주는 게 효율적이다. 이러한 채용 단계의 1단계는 바로 부가가치 기여 원칙에 의해 안 사람과 바깥 사람을 활용하는 것에 대한 구분이다.

구분	안 ←———————————→ 밖		
	팀 멤버	직원채용	외주
근로 제공 형태	공동창업자 (급여+지분)	근로계약 (급여)	단기프로젝트 (계약서)
회사에 있어서 중요도	크다 ——————————————— 작다 중요도 · 반복성 · 지속성 기준		

한 예로, 만약 내가 소통을 주 업무로 하는 플랫폼 회사를 설립하고, 애플리케이션(앱)을 만들려고 한다. A, B, C가 포함된 기능으로 앱이

나오면 좋겠다는 구상이 있는 경우 사장이 취할 수 있는 액션은, 1. 팀 멤버 모집, 2. 직원 채용, 3. 외주 이 세 가지 옵션이 가능하다.

이 앱 개발이 단기간에 끝내야 되고, 이후에 특별한 유지 관리나 업데이트가 중요하지 않다고 하면 단기 프로젝트로 정의한다. 그리고 이러한 건은 외주를 주는 것을 추천한다. 외주는 계약서에 근거하여 업무가 시작되며, 세금계산서 한 장으로 마무리되는 책임 소재가 아주 명확한 관계이다.

그런데 이 프로젝트가 끝난 후에도 버전 2의 앱을 만들어야 되고, 버전 3까지 고려하는 등 앱 개발이 지속적으로 관리해야 하는 중요한 영역이라면, 팀 멤버를 모집하거나 채용을 진행해야 한다. 즉 중요도, 반복도, 지속성 측면에서 점수가 높다면 회사 안 사람을, 점수가 낮다면 회사 바깥 사람을 활용해야 한다.

한 예로 엑셀러레이팅을 하는 기업 중 한 곳에서 고객 상담 전문 직원을 고용했을 때의 일이다. 초기에는 고객의 전화만 받아 주면 좋겠다는 생각에 직원을 채용하였다. 그러나 점차 서비스 판매가 늘어남에 따라 고객의 클레임이 어떤 부분인지에 대한 조사와, 그 의견에 대하여도 같이 서술하기를 요청하였더니 직원은 면접 볼 때의 업무 범위와 다르다며 난색을 표현한 적이 있다. 이는 비단 이 회사만이 아닌 많은 기업들에서 발생하는 문제일 것이다. 근로계약을 하는 시점과 채용 이후 업무를 하며 매월 회사의 성장 속도가 달라 업무 요구도가 달라질 수 있기 때문이다. 따라서 면접하는 시점과는 달리 업무가 더 늘어났다면, 사장은 직원에게 해당 사실에 대하여 전달하고, 회사가 성장하는 만큼 다음 연도의 연봉 계약을 기대해 달라는 당부와 기대를 표명한다면, 직원은 그만큼 더 열의를 가지고 업무를 진행할 수 있게 될 것이다.

인사에 있어 무엇보다 중요한 것은 팀 멤버와 직원 채용 사이의 결정이다. 우리나라에서 팀 멤버를 뽑는다는 것은, 공동창업자라는 명칭을 주고 상당한 책임과 동시에 희생을 요구하며 직원과는 다르게 해당 법인의 주식(지분)이라는 권리를 준다. 사실 창업 초기, 해당 분야의 고급 인력을 높은 급여로 데려오기에는 회사의 경제적인 어려움이 있기에 급여 외적인 보상으로써 법인의 주식을 줄 수 있다. "원래 당신은 연봉 4천만 원 정도의 사람이지만 제가 드릴 수 있는 최대의 예산은 3천만 원뿐입니다. 다만 모자라는 만큼은 2천만 원의 주식을 제공함으로 당신과 함께 일하고 싶습니다!"라는 방식으로 접근하는 것이다.

팀 멤버에게 부여되는 주식은 크게 2가지가 있다. 언론에서 많이 이야기하는 스톡옵션과 사장 본인의 주식을 제공하는 주식 매매(증여) 방식이 있는데, 우선 스톡옵션에 대하여 알아보자.

스톡옵션은 법인에서 팀 멤버에게 제공하는 것이다. 기업의 주주들이 의사 결정을 통해 주주총회에서 결의되는 사항으로서 사장이 다음과 같이 제안한다. "팀 멤버 당신이 이 회사에서 3년 동안 근무하게 되면 주식이 원래 한 주에 액면가 500원인데 1,500원의 금액으로 살 수 있는 권리를 드리겠습니다!" 3년 뒤 해당 회사의 주식이 만 원에 거래되고 있다면 팀 멤버의 입장에서는 스톡옵션 권리를 행사하여 만 원에 거래되는 주식을 1,500원에 살 수 있다. 한마디로, 그동안 낮게 받았던 연봉을 한 번에 메우는 효과를 가져올 수 있다. 하지만 만약에 3년이 지났는데도 거래되는 금액이 1,000원이라면? 스톡옵션을 받은 멤버는 스톡옵션 권리를 행사하지 않으면 된다. 1,000원에 거래되는 주식을 1,500원에 구매하여 손해 볼 필요가 없기 때문이다. 그런 점에서 스톡옵션은 일정 시점이 지난 뒤에 거래되는 금액이 중요하기에 팀 멤버에게 더 열심히 일해야 하는 이유를 만들어 주기도 한다. 3년 이내에 주식의 거래 가격이 1,500원 이상에 도달하지 못하면 휴지 조각이 되기 때문이다.

그러다 보니 팀 멤버로 들어오는 공동창업자들 역시 주식을 받는 것은 좋은 방식이라고 생각하지만 스톡옵션의 리스크가 크다고 생각하기에, 법인이 아닌 사장 보유의 개인 주식을 매매 또는 증여하는 두 번째 방법을 요구하는 경우도 있다. 입사 즉시 혹은 입사 후 근속 년수가 1년일 때, 사장 개인이 소유하고 있는 주식을 지급하는 등으로 계약할 수 있다. 사장이 제공하는 주식은 사장 자신이 가지고 있는 것을 액면가 또는 저가로 팀 멤버에게 매매하거나 무상으로 증여하는 방식이다.

즉, 스톡옵션은 주주총회라는 것을 통해 팀 멤버가 일정 기간 뒤에 해당 주식을 정해진 가격에 돈 주고 사는 것이다. 반면, 사장의 주식을 매매(증여)하는 것은 사장 개인과 팀 멤버 간의 개인적인 거래로서 이루어진다는 차이를 인지해야 하며, 이 두 가지 경우에서 세금 역시 달라질 수 있다. 그렇기에 일하는 팀 멤버의 입장에서도 누군가가 나한테 주식을 준다고 할 때에는, 매매를 통해 사는 건지, 무상으로 증여받는 건지를 확인해야 한다.

팀 멤버의 입장에서 기업에 입사 제안을 수락할 때 가장 많이 보는 것은 회사의 비전과 사장의 그릇이다. 사장 스스로가 다른 기업의 팀 멤버로 입사한다고 입장을 바꾸어 생각하면 당연한 것들이다. 만약 지금까지 주먹구구식으로 채용해 왔다면, 이런 핵심 직무의 인재, 나아가 함께 위험을 감수할 사람들에게 어떤 방법으로 깔끔하게 비전을 제안할 것인지를 사장 스스로 다듬어야 한다.

만약 사장 본인이 그러한 비전도, 그릇도 없다면? 혹은 앞서 말한 깔끔한 제안이 될 단계로 진입하지 못했다면? 차라리 팀 멤버를 모집하지 말고 직원을 채용하라. 채용은 근로계약이라는 형태로 이루어진다. 채용된 인력은 지속적으로 근로를 제공해 주면서 자신의 밥값 정도까지 할 수 있다. 대신 이 사람을 쓰려면 시가를 줘야 한다. 연봉 4천이면 4천을 줘야 된다. 연봉이 4천인데 2천5백 주고 일을 시키려고 하는 건 사기꾼 심보이다.

사실 우리나라 대부분의 중소기업들은 적은 돈을 주고 대단한 사람을 고용하고 싶어 한다. '우린 스타트업이니까! 2천4백만 원을 연봉으로 주고 차액은 회사 주식의 일부를 줄게요!'라는 식으로 "퉁" 친다. 하지만 주식 일부를 준다고 얘기만 하지, 사장 스스로도 실질적으로 매매 혹은 증여를 해 줄 건지, 스톡옵션으로 줄 건지 모르는 경우도 꽤 많다.

요약하면, 팀 멤버를 뽑을 것이냐, 직원을 채용을 할 것이냐 사이의 기준을 확실하게 해야 한다. 이는 사장이 얼마큼의 비전이나 미래를 가지고 있느냐에 따라서도 달라진다. 팀 멤버는 모셔 오는 거고 채용은 돈을 주고 쓰는 거다. 이것마저도 자신이 없다고 하면 차라리 외주를 주자.

- **2단계: 드리머(Dreamer)와 아키텍처(Architecture) 구분하기**

필자는 회사의 처음이자 끝을 이루는 두 사람을 드리머(Dreamer)와 아키텍처(Architecture)라고 부른다. 회사의 사장은 무조건 드리머여야 한다. 이 사람은 꿈을 꿔서 미래를 봐야 한다. 사장이 바라보는 미래는 회사의 미션(Mission)과 비전(Vision)으로 전 직원에게 공유된다.

미션이라고 함은 우리 회사가 세상에 반드시 존재해야 되는 이유이다. '우리 회사가 존재해야만 해! 우리는 고객한테 이런 가치를 제공하기에 사람(고객)들은 우리를 사랑해!'를 만드는 것이다.

사실 이런 미션을 가진 기업은 우리나라에 많지 않다. 다들 홈페이지에 선전용 미션만 있지 실질적으로 이것에 대해 깊게 생각해 본 사장은 많지 않다. 사장은 미션과 그 이하의 비전, 목표들을 계속 꿈꾸어야 한다. 그리고 자신이 회사의 내일과 모레, 즉 미래를 바라보는 관점에 대해서 아키텍처에게 충분히 얘기해야 한다.

아키텍처는 기업에서 보통 COO(Chief Operation Officer, 최고운영(관리)책임자)나 부사장의 직급을 맡는다. 때에 따라서는 CMO(Chief Marketing Officer, 최고마케팅책임자), CFO(Chief Finance Officer, 최고재무책임자) 등이 수행할 수 있다. 꼭 이렇게 영어 단어를 쓰지 않고 마케팅 팀장, 경영기획 팀장, 전략 팀장이라고 명명할 수 있다. 명명보다는 이들의 역할이 중요하다.

드리머가 아키텍처에게 "난 기업의 이런 꿈을 꾸고 있어. 난 우리 기업이 이렇게 될 거라고 생각해"라고 계속해서 이야기할 때, 아키텍처는 "아, 우리 사장은 저런 꿈을 가지고 있구나. 이를 실현시키기 위해서는 회사에 알맞은 사람들이 채용되어야 하고, 조직이 이런 구조를 가져야 실현이 가능한데…"라고 하며 사장의 꿈을 실현시켜 주는 현실 감각이 있는 사람이다.

아키텍처를 한국말로 번역하자면 건축가라는 뜻이다. 사장이 사업 전망에 대한 밑그림을 그려 오면, 일반적인 직원들은 사장의 지시를 바탕으로 그대로 따라 그린다. 그런데 아키텍처들은 사장의 이야기를 듣고 직접 설계 및 운영할 수 있다. 사장은 '4-2-1-3'의 순서로 이야기했지만 실제로 일은 '1-2-3-4로 해야 되는구나'라는 것을 판단할 수 있는 사람이다. 그렇기에 사장의 미래를 설계 및 수행해 줄 수 있는 아키텍처가 꼭 필요하다. 사업의 확장 및 발전을 위해 사장의 드림은 계속 커져야 한다. 사장은 드리머가 되어 미래를 꿈꾸고, 그런 사장 옆에서 아키텍처가 꿈을 실현하기 위한 그림을 그린다면 이 회사의 잠재력은 더 커질 것이다.

아키텍처는 건축가이기도 하지만 동시에 사장의 미션, 비전이 직원에게까지 전달될 수 있도록 하는 번역가이기도 하다. 사장의 말을 번역하고 도식화하여 전달해 줄 수 있는 사람이 있으면 기업은 빠르게 성장한다. 그렇지 않으면 직원들은 사장을 보며 '우리 사장은 왜 저럴까?', '지금 우리 수준에서 그걸 어떻게 해'라고 생각하게 된다. 결국 앞에서는 '네' 하고 뒤에서는 '뒷말'하는 일반적인 월급쟁이로 변하고 만다.

사장들이 늘 염두에 두어야 하는 것 중에 하나가 직원들은 사장의 마음이랑은 정말 다르다는 점이다. '300만 원을 줬으니까 이 정도는 해주겠지?' 하는 기대와 달리, '300만 원을 받았으니 이 만큼만 해야겠다'고 생각한다. 이런 부분에 있어서 직원과 사장의 마음이 다르기 때문에 사장은 더 디테일하게 업무를 배분하고, 이에 따른 피드백을 충분히 받을 수 있도록 하는 것이 굉장히 중요하다. 사장이 가지고 있는 러프(Rough)한 드리머로서의 부족한 부분을 디테일(Detail)한 아키텍처가 보완할 수 있다. 이러한 아키텍처를 팀 멤버로 데려옴으로써 사장의 꿈과 직원 간의 '미스매칭'이라는, 기업의 아까운 돈이 나가고 시간만 흐르는 상황을 막을 수 있다. 그래서 창업 시 사장과 직원과의 가교 역할을 잘해 줄 수 있는 아키텍처를 먼저 찾고, 그 다음 사람들을 팀 멤버, 또는 채용으로 사람을 모집하는 게 훨씬 효과적이다.

아키텍처를 주지 못하는 사장들은 혼자 고민한다. 혼자 사무실을 닦고, 화분에 물을 주면서 보람을 느낀다. 그러면서 "역시 내가 안 하면 아무도 안 해"라고 생각하기도 하는데, 그건 큰 시간 낭비이다. 사장은 내 시급이 얼마인지 판단을 해야 한다. 만약 현재 우리 회사 매출 수준에서 내가 시급 5만 원을 받는 사장이라고 판단된다면, 꽃에 물을 주는 데 30분이 걸렸을 때는 기회비용 2만 5천 원을 쓰는 것이다. 그러니 사장이 해당 업무의 아르바이트생에게 1만 원을 지급하는 게 훨씬 낫다. 아르바이트를 사용함으로써 오히려 사장은 1만 5천 원을 벌게 되는 것이다. 하지만 많은 사장은 "내가 조금 더 일하면 되지 않을까?"라고 생각한다. 하지만 사장은 그렇게 시간을 낭비하면 안 된다. 사장만이 할 수 있는, 기업의 꿈을 키우는 부가가치가 높은 일에 더 많은 시간을 투자해야 한다. 지속적으로 고객과 사업 그리고 미래에 대한 생각을 꼭 해야 한다.

1단계와 2단계를 합쳐서 인사 문제에서 사장의 역할을 정리해 보자. 사장은 자기 시급을 스스로 결정해 놓고 내가 어떤 일을 하는 게 맞을지, 다른 사람이 하는 게 맞을지 계속 고민해야 한다. 이후, 직접 하는 것보다 다른 사람이 해야 하는 게 효율적이라고 생각되는 일은 남한테 시켜야 한다. 그래서 사장은 일을 잘하는 사람이 아니라 일을 잘 시키는 사람이 되어야 한다. 남에게 위임을 할 수 있어야 진짜 사장만이 해야 하는 일을 할 수 있다. 만약 사장이 더 이상 꿈을 꾸지 못한다고 하면 그땐 주주로 나가 사장의 자리를 양보해야 하는 상황까지도 염두에 두어야 한다.

어떤 기업이든 드리머인 사장과 아키텍처 그리고 사장의 꿈을 함께 그려주는 팀이 있다면, 이는 성공으로 이르는 가장 좋은 방법이다. 만약 사장 혼자서만 꿈을 꾸다가는 직원들에게 "저 사람 몽상가야" 하며 손가락질을 받고 만다. 하지만 함께 꿈을 실현하는 팀이 있다면 "난 그 꿈을 존중해, 우리는 사장님이 그 꿈을 이루었으면 좋겠어, 나도 동참할게" 하며 지지를 받는다. 사업은 결국 그 꿈을 증명하는 과정인 셈이다. 함께 만들어 나갈 팀이 있다면 드리머의 꿈은 단순하게 하나의 구호나, 꿈, 캠페인으로 끝나는 게 아니라 실제로 이루어질 수 있다! 그리고 바로 이 시점에서 팀이 필요하다.

반면 사장의 꿈이 구체화되지 않아 어떤 미래를 꿈꾸는지 모르고, 비전이 제시되지 않은 상태에서 팀이 구성되어 있다면 이건 긴 관점에서 기업과 사장에게 좋지 않은 징조이다. 미션과 비전을 제시하지 못하는 사장은 팀을 활용하지 못하고, 미래가 아닌 오늘 당장 처리해야 할 일을 위해 인건비만을 부담하는 지경에 이르기 때문이다.

기업은 사장의 꿈만큼 커진다. 사장의 꿈 없이 사람 채용에 들어가면 단순히 일을 하기 위한 사람만 뽑게 되거나, 인풋 대비 아웃풋이 부족한 상태를 겪게 된다. 그래서 기업을 창업할 때, 사람을 고용할 때에는 사장이 '기업의 꿈'에 대한 생각을 계속해야 한다. 사장이 스스로 우리 기업의 존재 이유를 'A'라고 확정할 때, 기업은 'A'를 향해 지속적으로 변화하며 성장하게 된다. 그러면 이제 인사의 정석 3단계로 넘어갈 순간이다. 여러분의 머릿속에 있는 꿈이 어떻게 구체화되는가? 그리고 꿈이 어떻게 미션 그리고 비전이 되는가?

- **3단계: 회사 비전이 '수익 구조-조직 문화'가 되는 과정을 알기**

미션 Mission	회사의 존재 이유
비전 Vision	미션 달성을 위한 장기적인 계획
목표 Goal	달성하려는 것, 수단, 숫자, 단기적 목표
위를 위한 전략 수립, 실행, 피드백, 반복	

인사 이야기를 하는 과정에서 사장은 '꿈'을 꾸어야 하며(Dreamer), 꿈을 설계하는 건축가(Architecture)를 찾아야 한다고 전달하였다. 마지막으로 사장의 꿈을 구체화한 것이 바로 회사에서는 미션, 비전, 목표로 표현되어야 한다.

미션(Mission)은 우리 회사가 존재하는 이유이다. 한편, 동시에 완벽하게 달성할 수는 없는 이상에 대한 표현이다. 대부분 이것은 한 문장으로 끝난다. 존재의 이유라고 하면 사장 개인뿐만이 아니라 고객이 우리 회사를 바라보는 니즈에 대한 명제이기도 하다.

비전(Vision)은 미션을 달성하기 위한 장기적인 계획이다. 시각적(Visual)이라는 단어와 미션(Mission)이 합쳐진 단어이다. 즉, 눈으로 보이는 미션이라는 뜻이다. 시각화한다는 것은 구체적인 숫자가 등장한다는 것을 의미하기도 한다.

목표(Goal)는 비전을 달성하기 위한 수단이다. 목표는 비전을 달성하는 데 필요한 더 작은 과정적 목표들로 이루어진다.

미션, 비전, 목표는 누가 정하는가? 이건 사장의 역할이다. 사장이 회사를 설립했을 때 '우리 기업은 이런 기업이 되었으면 좋겠어!'라는 깃발을 꽂는 것이다. 미션, 비전, 목표는 사업을 하나씩 실행해 나가는 기초가 되고, 이후 세부 전략들이 수립되어서 실행하고 반복하고 피드백되는 과정들이 바로 사업을 앞으로 나아가게 하는 기준이 된다. 이 셋은 완전히 고정되는 것이 아니다. 심지어 가장 상위인 미션도 바뀔 수도 있다. 이때 사장은 바뀐 미션, 비전, 목표를 직원에게 인지시키는 일을 수행해야 한다.

예시: 한국개인형엑셀러레이터협회	
미션 Mission	창업기획자들이 뛰어놀 수 있는 물리적 · 정신적 공간
비전 Vision	국내 1위 창업기획자 양성기관
목표 Goal	2025년까지 100명, 누적 투자 50억 원 달성
기업은 미션, 비전, 목표 달성을 위한 전략의 수립, 실행, 피드백의 반복	

예를 들어서 필자는 사장들을 지원하는 창업기획자(개인형 엑셀러레이터)의 활동을 장려하고 이들이 스타트업 필드에서 함께할 수 있도록 한국개인형엑셀러레이터협회를 만들었다. 협회의 미션은 창업기획자들이 뛰어놀 수 있는 공간이다. 이는 청담동에 위치한 협회의 사무실처럼 물리적인 공간이기도 하지만, 정신적인 부분에서도 창업기획자가 직업으로서 지지를 얻을 수 있는 공간이 되었으면 좋겠다고 생각하며 미션으로 잡게 되었다.

비전으로는 국내 1위 창업기획자 양성기관이라고 명명할 수 있다. 굳이 첨언하자면, 국내 1위라는 비전은 그렇게 현실과 동떨어진 비전은 아니다. 현재 경쟁자가 없는, 바꿔 이야기하면 블루오션 영역에서 활동하는 기업은 충분히 국내 1위라는 타이틀에 도전할 수 있다!

목표는 '2025년 협회원 100명, 스타트업 누적 투자 50억 원'으로 두었다. 5년이라는 나름의 중·장기적인 과제에서의 목표를 딱 정해 놓는 것이다. 목표에는 이렇게 정확한 기점과 수량이 들어가야 한다.

다행히도 많은 사장을 만나 보면 이러한 미션, 비전을 스스로는 가지고 있었다. 적어도 해당 업에서 2, 3년 정도 하다 보면 업계가 보이고, 그러다 보면 "나 이런 것들을 꿈꾸고 있어. 이렇게 실현됐으면 좋겠어!"라는 나름의 희망 사항으로 표현되기 때문이다. 그렇지만 머릿속에 있는 미션과 비전을 표현하는 방법이나 필요성에 대하여 배우지 못했기 때문에 이를 하나의 형태로 표현하지 못한다는 공통점이 있었다. 그렇기에 이를 문장과 하나의 도식화된 표현으로 바꿔 줄 수 있는 아키텍처가 필요하다.

필자는 개인적으로 사장이 그리고 기업이 Mission, Vision, Goal이 있느냐, 없느냐로 스타트업과 소상공인을 나누는 기준이 될 수 있다고 본다.

작은 식당을 운영하면서 가족을 먹여 살리기 위해 매일의 업을 이루는 사장은 소상공인이다. 동일한 규모의 작은 식당을 운영하면서도 '나는 세상에서 제일 맛있는 김밥을 만들 거야. 사람들이 내 김밥을 먹고 행복해졌으면 좋겠어!'라고 꿈꾸고 있다면, 그래서 어떻게 하는지는 잘 모르겠지만 언젠가 우리 식당이 독보적인 F&B 업체가 될 것이라 믿고 있는 사장의 회사는 바로 스타트업인 것이다.

두 사장의 가장 큰 차이는 미래 성장의 기대와 열정에 대한 차이이다. 일을 하는 목표가 오늘을 살기 위한, 즉 생존이 목표인 사장은 소상공인, 나는 내일이 더 기대된다고 하는, 즉 생존과 더불어 성장을 꿈꾸는 사장은 스타트업이다. 사실 둘은 법적으로는 같다. 심지어 소상공인은 법적으로 근로자 5인 미만의 사업장이라는 명확한 정의가 있는 반면, 스타트업은 법적인 정의조차 없다. 소상공인과 스타트업, 어느 하나가 더 우월하다는 것은 아니다. 사업을 보는 관점의 차이일 뿐이다.

그러나 필자는 창업을 한다면, 그리고 사업을 통해 본인의 꿈을 이루고 싶다면 되도록 소상공인에 머무르는 것이 아닌, 스타트업에 도전해보라고 강하게 이야기하고 싶다. 이는 향후에 경영의 정석과 투자의 정석을 통해 설명하도록 하자.

인사 문제를 장기적으로 볼수록, 이 '미션-비전-목표'를 조금 더 강조하고 싶다.

만드는 대로 팔리는 시대가 지났다. 이제 우리가 기업의 아이덴티티를 정해야 되는 때가 왔고, 그러다 보니 Mission, Vision, Goal이 없이는 성장을 못하게 되는 게 지금이다. 심지어 떡볶이 가게, 김밥집, 작은 가게, 과일 장사를 하나 하더라도 말이다.

이런 틈새시장들까지 결국 브랜드화로 넘어간다. 예를들어 누구나 쉽게 여러 가지 분식업 브랜드들을 떠올려 볼 수 있다. 사람들 입장에서는 브랜드가 있는 곳의 떡볶이는 믿을 만하다고 생각하게 된다. 왜냐면 소비자 입장에서는 돈을 쓸 곳이 너무 많기 때문이다. 그러다 보니 이러한 브랜드가 있는 곳, 적어도 다른 곳보다는 더 신뢰가 되는 판단의 기준이 있어야지만 고객이 돈을 지불한다. 사장이 살아남기 위해서는 미션, 비전, 골을 바탕으로 기업의 브랜드 라인을 설립해 간판 디자인, 그릇, 물컵 하나까지 일관성을 가지는 것이 '기본(Default)'으로 필요한 시대가 되었다. 그렇기 때문에 우리는 미션, 비전, 목표 이를 바탕으로 한 브랜드로의 확장까지를 꿈꾸며 사업을 운영해야 한다.

필자는 이 '인사의 정석' 챕터에서 무슨 이름의 팀장을 뽑을지가 중요한 것이 아니라 더 근본적인 부분을 짚어야 한다고 이야기했다. 많은 사장들은 당장의 시간을 아끼기 위해 필요한 업무에 대하여 주먹구구식으로 새로운 사람을 뽑는다.

하지만 인사의 정석 1단계, 2단계, 3단계를 순서대로 쭉 읽어 보고, 거꾸로도 읽어 본다면 사장의 역할과 직원들의 역할에 대하여 보다 명확하게 이해할 수 있을 것이다. 그렇게 사장의 꿈을 미션, 비전, 목표를 통해 팀원들과 함께 조금씩 현실로 만들어 나가는 과정이 바로 인사의 정석이다.

● 마지막으로, 전문직은 아웃소싱!

'전문직은 아웃소싱'이라는 것은, 지식재산권이 궁금하면 변리사, 재무가 궁금하면 회계사, 세무사와 이야기하라는 것이다. 사장이라는 사람에게 필요한 것은 변리사, 회계사만큼의 전문 지식이 아니다. 대신 이 전문직 사람들에게 비용을 지급하고, 이들로부터 이용당하지 않으면서 동시에 잘 다룰 수 있는 능력이 필요하다. 그렇기 때문에 이런 특허나 청구항 또는 세무에 대해서 전문가처럼 알려고 하지 말라고 이야기한다. 대신 좋은 전문직 파트너를 찾아라! 적어도 자신을 이용해 먹지 않는 파트너를 말이다. 그 다음에 그 사람을 잘 써먹어라. 사장이 해야 될 일은 바로 이 일이다.

최근 창업을 하신 사장님께서 나에게 이런 질문을 주셨다. "내가 하려는 일의 구현 과정에 있어서 내가 전문가가 아닌 경우, 그것에 대한 정보를 포괄적으로 가지고 있는 게 좋은가요, 아니면 위임을 하고 잘하는 일에 집중하는 게 중요한가요? 그리고 포괄적으로 한다면 대체 그 지식은 어느 정도의 깊이를 가져야 하나요?" 이에 대한 필자의 답변은 "각 해당 분야의 전문가라는 사람들과 적어도 '대화'가 될 수 있을 만한 가장 기본적인 수준만을 갖추면 된다. 또한 해당 전문가인 '사' 자로 끝나는 전문가들이 제안을 했을 때, 저들의 말을 신뢰해도 되는지 구분할 수 있는 정도의 지식만 갖추면 되지 모든 걸 다 알 필요는 없다"고 답변해 드렸다.

예컨대 프랜차이즈 설립 시, 부동산을 거래할 때, 세무나 특허 등에 대한 컨설팅이 필요한 시점 등 '사' 자인 전문가들을 적절하게 활용하는 것은 정말 중요하다. 따라서 비즈니스를 할 때 꼭 필요한 다섯 분야의 "사"를 소개하려고 한다. 하지만 여기에서 주의해야 할 점은, 내가 저 사람들이 무슨 일을 하는지 알고, 어떨 때 저 사람들을 찾아가야 되는지만 알면 되지, 저 사람들의 전문 지식까지 알 필요는 없다는 것이다.

물론 사장은 가맹거래사, 공인중개사, 감정평가사, 경영지도사 등도 필요에 의해 만날 수 있겠지만, 사장이 주로 연락을 해야 될 사람들은 아래 표와 같은 5명 정도다.

1	2	3	4	5
법무사	세무사 · 회계사	변리사	노무사	변호사

· 법인 설립
· 자본 변동
  (투자/증자)
· 이사회/주총
	· 기장+조정
	· 세금이슈
		· 특허, 상표권
		  (성공/실패)
			· 직원문제
			· 근로이슈
				· 소송
				· 돈을 못 받음
				· 사기…

법인 설립을 위해 법무사를 처음 만나게 되면 회사의 상호와 사업의 목적, 본점의 주소 및 이사회 구성, 주주 구성 및 정관에 대하여 작성 대행을 요청하게 된다. 이후에는 회사에 투자 또는 증자와 같은 이슈나 이사회 소집, 주주총회와 같은 이벤트가 발생하면 찾아가게 된다.

법인 설립이 완료되었다면 세무사나 회계사를 통해 세무 기장 대행 계약 및 결산 조정 계약을 체결하여 회계적인 리스크를 줄일 수 있도록 하는 계약을 진행하게 된다.

이후 사업을 위한 상표권 및 특허 출원을 위해 변리사를 만나 기업의 기본적인 무형자산에 대한 보호 장치를 정한다.

그런 다음, 기업의 성장에 따라 근로자와 갈등이 발생하거나 회사의 취업 규칙과 같은 의무 사항들이 발생하면 노무사를 찾아 해당 사건의 자문 및 위임을 맡기게 된다.

마지막으로 미수채권이나, 기업의 송사에 따라 변호사를 찾아가 민사 및 형사 소송을 진행하는 등 기업을 운영하면서 5가지의 자격증을 보유한 전문가들을 접하게 될 것이다.

전문가를 만나게 될 때에는 적어도 이 사람들의 기본적인 속성을 알고 일해야 한다. 자격증을 걸고 일하는 사람들이기 때문에 사장에 비해 굉장히 보수적이라 할 수 있다. 동시에 전문자격사들이 늘어나면서 영업을 유치해야 하기 때문에 고객 앞에서는 'Yes I Do'라며 가능하다고 이야기한다. 하지만 그러면서도 본인의 전문자격사 자격증이 취소되면 안 되기 때문에 법적인 테두리 내에서 할 수 있는 것들에 대하여만 이행하는 특성을 가지고 있다.

모든 전문자격사들은 그렇다. 따라서 이러한 전문직을 대할 때에는 첫 번째로 좋은 사람을 만나는 게 좋다. 두 번째는 그들의 말이 사실인지, 의견인지 구분할 줄 알아야 한다. 이 두 가지 목표만 달성하면 전문직을 활용할 줄 아는 사장의 역할을 수행했다고 할 수 있다.

一   인사에 관한 몇 가지 스토리

● 위기와 "성장통"

회사는 두 가지를 해야 한다. 하나는 생존, 두 번째는 성장이다. 무엇보다 더 중요한 것은 생존이다. 생존하지 못하면 성장의 기회조차 없기 때문이다. 동시에 생존은 하지만 성장하지 못한다면 이 기업은 소상공인에 머무르게 될 것이고, 생존과 동시에 성장을 도모하는 것이, 그리고 달성해야 하는 것이 바로 스타트업이라고 할 수 있다.

소상공인에게 인사 문제는 비용과 산출에 맞게 일해 줄 적정 임금의 직원을 채용하면 되는 비교적 쉬운 난이도이지만, 스타트업의 경우 소상공인과 달리 성장의 과정에서 발생하는 새로운 문제가 있다.

스타트업이 인사 측면에서 공통적으로 겪는 두 가지의 슬럼프가 있다. 첫 번째는 성장에 실패하는 경우나 성장이 더딘 경우, 두 번째는 기업이 계획보다 너무 빠르게 급성장하는 경우이다.

첫 번째로, 성장이 더딘 경우에는 초기 자금이 점점 월세, 인건비 등으로 줄어드는 게 보인다. 처음에는 사장이 돈을 더 빌리거나 투자를 받아서 기업의 생명이 조금 더 연장될 수는 있다. 그러나 결국 성과를 내지 않으면 법인 통장의 잔고는 계속 줄어든다. 이런 과정이 반복되면 점차 내부 구성원들은 지치게 된다.

스타트업 버프(Buff)의 최대 기간은 2년이다. 2년 안에 성장하지 못하면 추락할 일만 남아 있다. 나름 똑똑하고 유능한 사람이 스타트업에 최적합다고 해 보자. 월급으로 3백만 원을 받던 내가 백만 원만 받게 되었다. 열정으로 버텨 보고 스스로 주문을 외우면서 몰입하지만, 급여를 2년 이상 백만 원만 받는다면 어떻게 될까? 팀 멤버뿐 아니라 사장까지도 지쳐 나가는 것은 당연한 수순이다. 다시 말해 월급을 적정 수준으로 받지 못하고 최소로 받으면서 인간이 가장 신나게 일할 수 있는 유효 기한은 2년이다. 이것도 정말 최대 기간일 것이다. 그래서 2년이다. 2년 동안 성장이 더딘 경우 기업은 슬럼프에 빠져 결국 망하게 된다. 이러한 경우 사실 해결할 수 있는 선택지는 없다. 사업의 아이템을 바꾸거나, 좋은 추억이었다며 감사하다는 작별의 인사를 고할 뿐. 하지만 이 과정에서도 팀원들과의 좋은 관계를 유지해 두는 것은 필수이다. 과오를 떠나서 이미 사업이라는 과정을 통해 쌓게 된 인맥은 직장 동료들과 쌓은 우정보다 훨씬 더 깊은 사이가 되며, 향후 두 번째 창업 과정에서 서로에게 도움을 주는 사이가 될 수도 있다. 이번 사업이 무너질 뿐, 우리의 인생은 계속 간다는 관점에서 좋은 이별을 하는 것이 매우 중요하다.

두 번째, 반대로 회사가 급성장하는 경우에는 "성장통"이 발생한다. 회사가 성장할 때 성장통은 전부 사람과 관련되어 있다. 스타트업에서 가장 소중한 것은 약간의 기술도 중요하지만 결국 사람이 전부이기 때문이다. 내가 경험했던 스타트업의 대표적인 세 가지 성장통의 예시를 통해 사장들에게 반면교사와 위기 극복의 지혜로 삼을 수 있기를 바란다.

1) 투자자와 기존 멤버 간의 갈등

첫 번째로 투자자와 기존 멤버 간의 갈등이다. 투자자 입장에서는 "주 1회 재무 보고를 해. 얼마 이상 지출하게 되면 예산에 대해서 보고해. 월 1회 경영진 회의를 갖자"라고 요구한다. '아니, 내가 지금까지 사장이어서 보고를 받기만 했는데 누군가한테 가서 프리젠테이션을 해야 돼?' 이처럼 투자자에게 허락을 구하는 행동을 해야 한다면? 그런 생각이 쌓이다 보면 "저 사람이 나한테 5억밖에 안 줬는데 내가 이런 사소한 보고까지 해야 해?"라며 투자자와 기존 멤버 간의 갈등이 일어날 수 있다. 이것은 빈번하지만 동시에 사장은 통장에 꽂힌 투자금을 보면서 그나마 무난하게 넘어가기도 한다.

2) 보상의 적정성

두 번째는 보상이 다를 때 발생하는 갈등이다. 갖고 있던 주식을 매각한다거나 아니면 큰돈을 투자받아서 급여가 인상될 때를 생각해 보자. 사장은 급여가 기존 백만 원에서 5백만 원으로, 팀장들은 백만 원에서 3백만 원으로 늘어났다면? 아니면 스톡옵션을 행사해 주식을 팔았는데 사장은 10억을 벌고 팀장인 나는 1억을 번다면?

분명 고생은 같이한 것 같은데, 공동창업자는 쉽게 말해 "짜증" 나는 상황이 된다. 팀장인 내가 더 많이 일했는데 왜 사장인 당신 더 많이 가져가냐, 잘못된 것이 아니냐는 싸움도 일어난다. 그나마 이것도 투자까지 잘 유치시키며 결론적으로 기업이 잘된 것이기에 그나마 적절하게 대처할 수 있다.

3) 신규 전문 인력과 기존 멤버 간의 갈등

마지막 세 번째인 기존 팀 멤버와 신규 채용된 전문 인력 간의 갈등은 비교적 해결하기 어려운 난이도의 문제이며, 생각보다 많이, 그리고 자주 보이는 갈등의 사례이다.

스타트업 초기 단계에서는 경험보다는 열정으로 팀 멤버에게 팀장(부서장)의 자리가 주어진다. 하지만 회사가 잘 성장하여 큰 투자를 유치하고, 투자자가 해당 팀장 자리에 예컨대 명문 대학을 졸업한 경력 5년 차 전문 인력을 채용하게 된다면 어떻게 될까?

실제 많은 기업들이 이러한 의사 결정 단계에서 조직의 혼란을 겪는다. 기존 팀 멤버가 팀장을 유지하는 경우, 새로운 전문 인력이 "저 사람(기존 팀장) 밑에서 더 이상 일 못하겠으니 나가겠다!"고 할 수도 있고, 기존 팀 멤버인 팀장의 직책을 낮추자니 "내가 동업자로서 이렇게까지 기업을 만들었는데 나를 하대하려고 하냐?"는 말이 나올 수도 있다.

- **성장통 해결하기: 사람의 문제 현명하게 해결하기**

사실 위 성장통의 1번이나 2번 문제는 특정 몇 명한테만 일어날 수 있는 문제이며 동시에 얼마만큼의 보상을 나누어 갖느냐, 즉 투자 이후의 기분 좋은 성장통이다. 그에 반해, 3번 같은 경우는 조직 인사에 큰 위협이 될 가능성이 높다. 이를 잘 해결하지 못한다면 회사 조직 곳곳에서 부정적인 파급효과가 걷잡을 수 없을 만큼 번질 수 있다. 앞서 1, 2번의 경우, 보상을 나누는 과정에서 투자자 또는 사장이 조금 더 희생하여 자신의 것을 양보해 주면 문제가 해결될 수 있다. 하지만 이 기존(쉽게 이야기하기 위해) "아마추어급" 팀 멤버(Co-Founder)와, 신규 "프로급" 전문 직원 간의 갈등은 다르다. 여기에 대한 절대적인 정답은 없지만, 경험을 바탕으로 나름의 해결책을 보다 자세히 이야기해 보고자 한다.

공정하게 이야기하려면 우선 '회사'의 관점으로 이들을 볼 수 있어야 한다. 우리가 사업을 시작하는 단계에서, 기존 팀 멤버가 기여한 부분이 큰 것은 사실이다. 이 기여는 반드시 인정해 주어야 한다.

그런데 사업을 10억대에서 50억대로 가는 경로는 "페이지(Page)가 달라진다!"고 표현한다. 페이지가 1탄에서 2탄으로 넘어갔다. 1탄에서 2탄으로 넘어갔으면 여기에 맞게끔 역할에 대한 역량 등이 준비되어 있어야 하는데, 기존 팀 멤버는 2탄에 대한 준비가 되어 있지 않다. 당연히 그럴 수밖에 없다. 1탄도 처음 해 본 사람들인데 2탄을 어떻게 하겠는가?

그렇기 때문에 회사에서나 투자자들이 기존 팀장에게 "잘하는 사람을 붙여 줄게. 당신은 팀장으로 그대로 있고, 잘하는 직원을 밑에 둬서 업무를 배워"라는 결론으로 도달하게 된다.

이런 경우 대부분, 새로운 프로급의 전문 인력은 "팀장 실력이 7밖에 안 되고 내가 15인데 저 사람이 내 위에 있네?"라는 생각으로 이탈하게 된다. 그럼 사장으로서 두 가지 선택이 가능하다.

1안은 기존 팀 멤버를 팀원으로 내리고 신규 전문 인력을 팀장으로 올리는 것이다. 이렇게 되면 대부분의 기존 팀 멤버는 이탈하게 된다. 또한 회사 사람들도 회사가 불공정하다고 느낄 것이다.

2안은 기존 팀 멤버를 팀장으로 두고 전문 인력을 채용하는 대신, 기존 팀 멤버보다 역량이 낮은 직원을 팀원으로 채용하는 방법이다. 이런 경우 기존의 팀 멤버는 계속하여 팀장의 자리를 유지할 수 있다. 그러나 기업이 성장해야 하는 시점에 역량 7 수준의 팀장을 그대로 유지하는 것은 오히려 기업이 망하는 지름길이다.

이 문제는 어떻게 해결해야 할까?

프로급인 역량 15 수준의 전문 인력을 신규로 채용하는 순간부터 그에게 미션을 주는 것이 가장 효과적이다. 채용 시 사장이 "현재 기존 팀장의 레벨을 당신과 같은 15 수준으로 성장시켜 달라. 대신 당신의 연봉을 시가 4천만 원이 아닌 5천만 원을 제공하겠다. 기존 팀장의 역량을 2년 이내에 당신과 같은 프로급으로 만들어주기를 희망한다!"라고 말이다. 새로운 프로급 전문 인력의 입장에서도 이는 나쁜 일이 아니다. 고연봉으로, 직무와 교육까지 포함하여 미션을 주게되면 상호의 거래가 꽤 만족스러워진다. 이 전문 인력 역시 스타트업의 2탄에 기여하게 되는 경험도 쌓을 수 있기 때문이다.

또한, 기존 팀 멤버인 팀장에게도 "당신이 팀장의 직분을 유지하나, 2년 동안 프로 전문 인력에게 업무를 배워서 꼭 성장하길 바란다. 회사는 당신에게 투자한다!"라고 하며 역량을 빠르게 키울 수 있도록 당부해야 한다. 이 과정에서 당신이 공동창업자이기 때문에 존중하는 것이며, 현재 당신의 업무 역량이 부족하지만 2년이라는 시간 내에 역량을 키워 줄 것을 강하게 요구해야 한다.

이 2년이라는 시간은, 기존 팀 멤버인 팀장이 페이지 2탄, 3탄을 대비할 수 있는지, 없는지에 대해서 검증할 수 있는 시간이다. 만약 이 제안에 대해 기존 팀장이 싫다고 하면 이 친구를 내보내는 것도 굉장히 중요하다. 기존 팀장을 유지할 거면 전제 조건에 '교육'이 필요하다는 메시지를 지속적으로 주자. 이것이 수용되지 않아 내보내게 된다면 보상을 충분히 해 주자. 여기까지가 당신의 역할이었다고 하며 좋게 내보내 주는 게 맞다. 서로를 위해서 말이다.

사람들에게 이름이 꽤 알려진 스타트업들은 대부분 이러한 성장통을 겪는다. 이것을 겪고 나야지만 회사는 2탄, 3탄에 대하여 더 대비하고 성장할 수 있다. 초반 과정에서 성실하게 일하는 것과 이 다음 단계의 기회를 주는 것은 회사 입장에서 사실 별개의 문제다.

이는 단순한 직원이 아닌 공동창업자인 '팀 멤버'이기 때문에 사장은 의사 결정을 해야만 한다. 회사에서 "교육을 제공해 주고 당신을 성장시켜 줄게"라고 하거나, 아니면 "너는 여기까지만 최적이었던 것 같아. 정말 고생 많았고 내가 현금이나 또는 주식으로 보상해 줄 테니까 여기서 그만해!"라고 말해 줘야 한다. 이런 중요한 문제에 대해서 가타부타 말없이 그냥 흘러가게 되면 회사에 악영향을 미치는 것은 자명하다. 그러니 기존 팀 멤버를 유지하려면 확실히 교육하여 성장을 도와주고, 내보낼 거면 확실히 보상해 주면서 끝내도록 하자. 사장은 각 선택에 따른 결과를 생각하며 확실히 결정해야 한다.

● 조직 문화 만들기

기업의 인사를 다루기 위해서는 기업만의 조직 문화가 필요하다. 물론, '어떤 조직 문화가 좋은 것'이라는 정답은 없다. 하지만 기업만의 고유한 조직 문화를 만들기 위해서는 기업 내부에 먼저 직원들에게 공유된 '미션-비전-목표'가 명확히 있어야 조직 문화, 기업 문화가 나올 수 있다. 그래야 그 조직 문화를 바탕으로 기업의 인재상이 도출되며, 결론적으로 해당 인재상을 바탕으로 기업에 최적화된 인재들을 지속적으로 채용할 수 있게 된다. 우리나라 다수의 중소기업 사장들에게 해당 조직 문화에 대한 중요성을 피력하는 경우, 조직 문화에 대한 별도의 고민 없이 기업이 잘 성장했기에 중요하게 생각하지 않는다고 한다. 하지만 앞으로는 조직 문화가 기업의 경쟁력이 되는 시대가 될 것이다.

많은 사장들이 조직 문화에 대해 오해하는 부분이 있다. 요즘의 조직 문화라 하면 단지 보이는 모습으로 '우리 사무실은 반바지 착용이 가능합니다. 수요일은 오전 근무만 합니다!'라는 것들을 떠올린다. 사실 이러한 부분은 직원들에게 매혹적이지가 않다. 조직 문화가 기업의 미션-비전-목표에 맞추어서 탄생하고 표현의 한 가지 방법으로써 이러한 결과들이 나와야 한다. 그러나 기업의 존재 이유(미션)에 대한 전반적인 고민 없이 결과(조직문화)부터 나오게 되면, 그것은 직원들로 하여금 환영을 받지도 못하고 '왜 굳이 이런 활동을 하는 거지?'라는 생각을 가지게 만든다.

나아가 직원들은, 사장의 이러한 호의를 자신들의 권리라고 생각하게 된다. 같은 액션이지만 미션-비전-목표를 바탕으로 한 조직 문화가 있는 경우, 직원들은 '우리 회사에서 조직 문화의 하나로 수요일 오전 근무를 제공하였으니, 나는 사람들이 많이 모인 백화점에서 실질적인 고객들의 동향을 파악하면서 휴식 시간을 가져야겠다!'라는 건설적인 생각을 하게 된다. 우리 회사의 미션-비전-목표에 맞춰서 '나에게 주어진 이 오후 시간은 회사에서 조직 문화 중 고객을 만날 수 있는 기회의

장으로 나에게 준 것이고, 나는 이것을 바탕으로 더 가치 있게 써야지' 혹은 '적어도 이것과 관련 있는 일을 해야지'라고 생각하게 될 것이다.

  최근 인사 분야의 경우는 비단 채용, 평가뿐 아니라 기업만의 특별한 조직 문화와 짝을 이루어 가는 추세이다. 사장 입장에서는 이러한 변화를 인사 문제가 점점 어려워진다고 평가한다. 이렇게 된 계기에는 크게 두 가지 요인이 있다. 하나는 최저임금의 인상이고, 다른 하나는 인구의 감소라는 측면이다.

  국내 노동법에는 직원을 고용하는 경우, 5인 미만 사업장일지라도 최저임금법에 따라 반드시 지급해야 하는 '최저임금'이라는 제도가 있다. 하지만 최근 최저임금이 가파르게 오르면서 신입 직원들은 내가 회사에서 받는 초봉 200만 원과 편의점 등 아르바이트를 통해 받는 최저임금인 182만 원, 이 둘 간의 수입 차이가 크게 나지 않는다는 것을 알고 있다. 그러다 보니 신입 직원들의 경우 "나는 회사에서 일을 하더라도 업무의 과정에서 즐거움이나 보람이 있어야 돼!"라며 급여를 통한 단순한 비교뿐 아니라 근무 환경 및 조직 문화에 대하여도 크게 신경을 쓰는 시대가 왔다. 2000년대까지만 하더라도 공장에서 8시간을 일하고도 추가로 연장 근무 4시간 더하는 대신 돈을 지급한다고 하면, 반대급부로 인해 너도나도 근무를 하던 시절이었지만, 누군가 그랬던가! "90년대생이 온다!"고.

[두 번째 정석: 인사의 정석] · 75

또 거시적으로는, 근무할 수 있는 인력 자체가 매우 모자라게 되는 것도 조직 문화를 신경 써야 하는 이유가 된다. 현재 합계 출산율은 0.92명으로 청년 인구는 점점 줄어들고, 이러한 직장 내 인권이라고 하는 기준들은 점점 올라가고, 최저임금도 많이 올라갔다. 이젠 직장이 노동법을 준수하는 곳이라는 이유 하나만으로 직원들이 모이지는 않는다. 그럼 직원들에게 어떤 가치를 제공할 수 있을까? 단순하게 일할 수 있는 환경을 법적 최소 기준으로 지키는 것이 아닌, 조직의 문화와 근무 환경이 매우 중요해진 것이다. 젊은 사람들은 자아실현을 함과 동시에 금전적인 것은 기본이고, 장기적으로 동기부여가 되는 직장을 찾고 있다. 그러다 보니 직원을 위한 메리트가 갖춰지지 않으면 이 기업은 채용 시장에서의 경쟁력이 없다. 경쟁력을 갖추려면 이들의 꿈을 충족시켜 주든가 아니면 돈을 많이 주어야 한다. 돈을 많이 줄 수 없는 초기 기업에서는 특히나 조직 문화를 발달시켜야 한다. 그래야 인재가 온다.

실제로 일본의 경우 신입 대졸 사원이 부족한 지경에 이르렀다. 대학교 3, 4학년에게 장학금을 주면서 졸업하자마자 우리 회사에 와 달라, 안 오면 받은 장학금을 반납해야 한다고 하며 묶어 두려 한다. 부가가치를 창출하는 것이 결국 사람의 손끝에서 이루어진다는 점을 생각해 본다면, 인구가 감소하고 있는 우리나라도 곧 일본을 따라가지 않을까?

- 운영과 전략 분리하기

기업에서 근무하는 직원들과 인터뷰를 해 보면 가장 많이 나오는 의견이 '사장이 의사 결정을 내리지 않는다'라는 말이다. 직원들과 면담을 해 보면, 사장은 늘 바빠서 보고를 드려도 '지금 중요한 게 아니면 다음에 하자'고 한단다. 그러다 보면 늘 매출과 같은 운영 사항만 급하게 처리되고 전략에 관한 사항들은 논의조차 되지 않는 게 현실이다. 그래서 직원 관점에서는 '우리 사장님은 늘 바빠'라고 말한다.

물론 사장은 모든 일을 처리해야 하니 바쁠 수밖에 없다고 변명할 수 있다. 직원에게 나누어 줄 수 있는 일도 있지만, 사장은 사장만이 해야 되는 일(Dreaming)이 또 따로 있기 때문이다. 거기에 더해서 영업이 부족하면 영업을 하고, 기획이 부족하면 기획, 마케팅이 부족하면 마케팅을 하고, 그 다음에 조직 내의 문제가 생겼다고 하면 인사까지 고루 살펴야 한다. 그렇기에 이런 과외적인 업무들을 처리하면서 동시에 사장 고유만의 일까지 하니 직원들은 '우리 사장님은 늘 바빠'라고 얘기할 수밖에 없다.

그런 바쁜 사장이기에 기업의 의사 결정을 명확하게 정하는 자리가 마련되어야 하는데, 이는 기업에서 회의라는 형태로 표현된다. 사장이 주체가 되어 진행해야 하는 회의는 크게 2가지로 구성된다.

바로 '운영(Operating) 회의'와 '전략(Strategy) 회의'이다. '운영 회의'란 만약 기업이 제품을 A사업부의 할당된 매출액이 6억인데 2억밖에 달성하지 못하였고, B사업부에 할당된 매출액 2억 중 2억 원을 달성하고, C사업부의 할당된 매출액 8억 중 12억을 달성했다고 가정해 보자. 이 사례의 경우 목표 매출인 16억 원이라는 부분은 달성했지만, A사업부의 성적이 목표 대비 부진하다는 문제가 있다.

즉 구체적 매출에 대해 논하고, 어떻게 하면 목표를 채울 것인지에 대하여 주 단위, 월 단위로 측정하여 결과를 평가하는 것이 바로 운영 회의이다. 대부분의 기업들은 이러한 운영 회의를 주간 회의라는 명목 하에 진행한다. 주간 회의를 하면 '우리 지난주 매출이 어땠는지' 그 다음에는 '현재까지 비용은 어땠는지, 공장은 잘 돌아가는지' 등을 논의한다. 한 달 목표가 100인데 달성을 80밖에 못했을 때 모자라는 20을 이번 달에 채울 것인지, 다음 달로 넘길 것인지와 같은 고민들을 한다. 그래야 긴 관점에서 설정한 분기 목표, 연 목표를 달성할 수 있다.

반면 '전략 회의'는 우리 기업이 하반기에는 어떻게 할 것인지, 내년에는 어떻게 할 것인지, 나아가 우리 기업은 왜 존재하는지를 논의한다. 미션, 비전, 목표에 비교하여 현재 기업의 수준에서 발생한 갭(Gap)을 발견하고, 원인(Cause)을 찾아 대안(Solution)을 마련하며, 많은 대안 중 하나를 선택하여 시행하고 피드백(Feedback)하는 것을 반복한다. 이런 선순환이 일어날 수 있는 회의가 바로 전략 회의이다.

전략 회의는 팀장급 이상의 핵심 멤버가 참여하도록 해야 한다. 대다수의 평직원들은 운영에 포커스를 맞춤으로써 그에 상응하는 급여를 받는다. 즉, 기업의 운영(목표 대비 실적)에 대한 대가로 직원들은 돈을 받는 것이다. 팀장급 혹은 팀 멤버(Co-Founder)라 부르는 사람들은 오늘뿐 아니라 내일에 대한 고민의 대가로 급여와 지분을 받기 때문에 이 두 회의에 참석자는 달라야 한다. 즉, 회의에 참석자들이 미시적(Micro)인 '운영'을 볼 때에는 모두 돋보기를 쓰고 있는 상태이며, 거시적(Macro)인 '전략'을 살필 때에는 망원경을 쓰고 현 상황을 다시 봐야 한다. 따라서 회의에 참석한 이들이 돋보기를 써야 될 때와 망원경을 봐야 될 때를 구분해야 하므로, 전략 회의는 운영 회의와 구분하여 별도로 진행한다.

현재 자신의 기업에서 회의 내용이 '운영'과 관련된 사항만 있다면 회사의 미래가 위협받게 된다. 실제로 많은 기업이 운영 회의만 반복하게 되며, 오히려 내게 전략이 무엇인지 묻는 경우도 많다.

'전략'이란, 기업이 가지고 있는 비전, 미션, 목표 대비 현재의 위치를 파악하고, 이 둘 사이의 갭(Gap)을 발견하여 원인을 찾아 그에 맞는 대안을 제시해서 그중 하나를 선택하게 되는 과정이다.

여러 대안 중 하나를 전략으로 설정하는 과정에서, 그 전략이 100% 성공할 수는 없다. 오히려 해당 전략이 실패했다면 향후에는 같은 실수를 반복하지 않도록 투명하게 공개하자. 실패를 경험 삼아 더 좋은 대안으로써 발전하는 과정을 통해 전략의 긍정적인 피드백을 받게 만드는 것이 중요하다. 대안 중 하나가 전략이 되고, 결과를 바탕으로 다시 새롭게 짜인 대안이 되어 새로운 전략으로 넘어가게 된다.

만약 사장이 같은 구성원을 상대로 운영 회의와 전략 회의를 진행하게 될지라도 두 회의의 목적이 명확히 다르다는 것을 안내해야 한다. 다시 한번 강조하자면, 전략 회의와 운영 회의 이 둘은 나눠서 하는 게 맞고, 운영 회의를 주마다 한다면 전략 회의는 적어도 월에 한 번은 해야 한다. 그래야 회의의 의미가 직원들에게도 충분히 전달될 수 있다.

인사의 정석을 마치며

우리는 인사의 정석 챕터를 통해 사업의 주요한 내부 통제 요인인 사람의 중요성과, 이를 평가하는 인사 시스템의 필요성에 대하여 알아보았다. 사람을 활용함에 있어 반드시 필요한 과정은, 사장이 비전과 큰 그림을 사전에 기획하여 조직의 '미션, 비전, 목표'로 세팅하는 것이다. 그리고 이러한 관점에서 필요한 팀 멤버(공동창업자)와 직원 그리고 외주의 구분을 통하여 사람을 활용해야 한다.

또, 기업을 이끄는 주된 역할의 드리머와 아키텍처에 대한 차이도 알게 되었다. 지속적으로 꿈을 꾸는 드리머로서의 역할은 사장에게 선택이 아닌 의무 사항이고, 기업의 성장을 위해서는 아키텍처를 구하는 일이 무엇보다 중요하다는 것을 알았다. 또한 기업이 성장하면서 발생하는 성장통의 사례를 통하여, 향후 일어날 수 있는 문제들을 간접적으로 접해 보았다. 사장은 운영 회의와 전략 회의를 분리하여 운영하고, 기업의 오늘과 내일, 생존과 성장을 지속적으로 살펴야 함을 학습하였다.

_____ MEMO

사장의 정석

세 번째 정석
경영의 정석

경영의 정석에 들어가며
숫자에 조금씩 접근하기
경영의 정석을 마치며

사장의 정석

【세 번째 정석: 경영의 정석】

―   경영의 정석에 들어가며

"여러 가지 창업을 했는데 성공만 했나요? 실패는 안 했나요?"

많은 사장들이 나에게 위와 같이 질문하곤 한다. 결론부터 이야기하면 필자는 실패하는 비즈니스를 아예 시작조차 하지 않는다. 사업의 실패라는 것은 결국, 수입보다 지출이 많은 상태를 의미한다. 수입보다 지출이 더 많아지고 이게 감당할 수 없는 수준까지 이르면 매장이나 사업을 접어야 하므로, 결국 이를 실패라고 하게 된다. 그럴 때는 이제 둘 중에 하나를 택하면 된다. 매출을 더 늘리거나 비용을 어떻게든 극단적으로 줄이거나!

조직을 보다 유동성 있게끔 설계해 놓으면 기업은 망하지 않는다. 물론 '망하지 않다'는 것이 '성공한다'와 같은 의미는 절대 아니다. 중요한 건 기업이 망하지 않을 수 있도록, 즉 지속하여 생존하면서 성장을 도

모할 수 있도록 하는 것이다. 이는 사장이 미리 설계해야 하며, 이 기술이 바로 '경영의 정석'이라 할 수 있다. 그렇기에 사장은 매출에 따라서 인건비가 늘도록 하고, 고정적으로 나가는 비용들을 단계별로 최소화하여 사업의 부담이 없도록 해야 한다.

내가 엑셀러레이팅을 한 회사는 약 10여 개가 된다. 보청기, 카센터, 한방차, IoT, 제조업 등 정말 다양한 업을 엑셀러레이팅 하고 있다. 물론 기업마다 재무 상황 및 시장 상황들도 많이 다르다. 다만, 흥미로우면서도 동시에 안타까운 것은 공통적으로 사장들의 경영에 대한 시야가 굉장히 좁다는 것이다.

사장들은 '고객이면 고객'만 보고, '제품 전문이면 제품'만 볼 줄 알지 그 외 다른 것들은 잘 보지 못한다. 즉, 자기가 가장 잘하는 분야에 대하여만 전문성을 갖추고 있지, 처음 접하는 부분에 대해서는 잘 알지 못한다는 것이다. 물론, 기업 초기에는 사장 혼자 마케팅, 개발, 경영 등 모든 업무를 혼자 처리하다가도, 이후 회사의 성장에 따라 분야별로 각각 알맞은 사람을 채용할 수 있는 단계에 오르면 자연스럽게 해소되는 문제이긴 하다. 하지만 이렇게 직원을 채용하는 과정까지의 문턱을 넘어가기 위해서, 사장과 기업은 한 단계의 도약이 필요하다. 일반적인 기업은 여기까지 성장하는 과정이 매우 더디고 어렵다. 그러다 보니 이런 어려운 상황에서 한 발자국 더 나아가고자 하는 사장들의 고민은 절실하다. 이제 '경영의 정석'을 통해 시스템과 숫자를 머리로 이해하여 도약에 한걸음 다가가 보자.

● 시야가 좁은 사장님을 위한 지침, 시스템이 생존이다

'사업으로 한 달에 5백만 원 정도 벌고 있어서 적지 않은 수입이지만 이 돈은 사장인 나의 시간, 자본을 최대한 넣어서 벌고 있는 수입인데… 어떻게 해야 돈을 더 벌 수 있지?' 이런 사장님이라면 더더욱 눈여겨보아야 할 것이 바로 "시스템"이다.

우리나라는 소상공인에서 중소기업으로 넘어가는 그 도약의 단계에 대한 안내 및 지원이 부족한 상태이다. 그 누구도 이 갭(Gap)에 대하여 채워 주지 않는다는 게 현실이다. 정부에서는 소상공인을 위해 소상공인 시장진흥공단을 만들어 지원하고 중소기업 육성을 위해 중소벤처기업진흥공단을 설립하였지만, 소상공인에서 중소기업으로 갓 넘어온 기업들을 케어해 주는 곳은 없다. 정부에서 이 분야를 조금만 더 지원해 주면, 기업이 스케일 업(Scale-Up)을 통해 안전하게 생존과 성장을 할 수 있는데도 말이다.

해당 섹터의 속한 사장님들은 늘 고민한다. 내가 괜찮은 사람을 뽑자 하니 회사가 경제적으로 넉넉하지 않다고 말이다. 이런 분야에 있는 기업들이야말로 바로 창업기획자, 개인형 엑셀러레이터들이 더 활동할 일이 많다고 생각한다. 실제로 필자가 엑셀러레이팅을 하는 사장님들도 대체로 그쯤에 속해 있다.

- **사장 없어도 돌아갈 회사를 만들어라**

바로 소상공인에서 중소기업으로의 도약, 즉 매출액의 점프 업을 하기 위해서 회사에 필요한 것이 "시스템"이다. 많은 전문가들이 시스템을 어렵다고 말한다. 시스템이란 인풋(Input)이 있고 아웃풋(Output)이 있어서 그 안에 처리되는 모든 일련의 프로세스들의 집합이라고 하지만, 사장들에게는 굳이 이런 정의가 필요하지 않다. 이는 학문에서나 쓰는 말이지 실전 창업에서 쓰는 시스템은 어려운 말이 아니다. 사장이 없어도 회사가 돌아가는 것, 즉 사장이 없어도 기업 스스로 돈을 버는 시스템을 의미한다.

대부분의 사장들이 이 단계로 넘어가는 과정에서 두려움을 느낀다. 두려움을 느끼는 진짜 이유가 뭘까? 우선 '시스템을 도입하는 과정에서 돈만 쓰고 실질적으로는 안 되는 거 아니야?'라고 고민한다. 그러고는 '우리 회사는 중견 기업만큼 성장하지 않을 거야' 또는 '그거 돈 많이 들어'라고 짐짓 판단을 내린다. 하지만 사실 이것은 다 변명이다. 가장 큰 원인은 사장이 '내가 아니면 회사가 안 돌아갈 거야'라는 생각 때문에 진짜 도약하지 못하는 '사장의 마음가짐'이 문제이다.

왜 사장은 내가 아니면 회사가 안 돌아갈 거라고 생각할까? 이유는 사장이 평생을 쏟아부어서 여기까지 만들었는데 '내가 아니면 누가 책임을 지고 회사에 나만큼 신경을 쓰겠어?'라고 생각하는 마음이 제일 크다. 그리고 사장들은 자신이 회사에 없을 때 회사가 다시 본인을 찾아 주길, 한편으로는 기대한다. 즉, '아 역시 내가 아니면 안 되는구나'

라는 것을 원하기 때문에 제대로 내려놓지를 못한다.

이것은 아버지가 자녀에게 자전거를 가르쳐 줄 때의 마음처럼 자연스러운 것일지도 모른다. 하지만 아버지가 매번 뒤를 잡아 주기만 하면 아이가 속도를 내지 못하고 같은 방식으로 탈 수밖에 없다. 손을 놔줘야지만 아이가 넘어지는 한이 있더라도 더 성장할 수 있다. 이처럼 회사가 더 나아가기 위해서는 기업이 스스로 운영될수록 있도록 시스템을 마련해야 하는데, 놓는 것 자체가 불안하기에 내려놓지 못하는 것이다.

따라서 사장이 손을 놓아도 안심할 수 있도록 회사를 설계해야 한다. 그리고 사장은 조직이 스스로 성장할 수 있도록, 회사가 곧 조직이 될 수 있도록 만들어 가는 준비를 해야 한다. 그래서 기존에는 사장인 내가 회사를 키웠다면, 이제는 조직이 회사를 키울 수 있도록 만들어야 한다. 이 조직의 전략을 기획하고 기업을 컨트롤하는 선장의 역할이 곧 사장의 포지션이다. 회사가 성장해 나갈 수 있도록 탈바꿈이 필요한 때, 시스템이 바로 이 역할을 수행할 수 있다고 말하고 싶다.

'그럼 이제 어떻게 시스템을 만드는가?'에 대하여 살펴보자. 시스템을 만드는 것에는 명확한 답이 없다. 다만 모든 회사는 사람으로 구성되어 있고, 이러한 사람들이 모였을 때 하나의 조직이 되고, 이런 조직들이 운영이 됐을 때 비로소 회사가 된다는 것에 착안하여 경영의 정석을 알아보도록 하자.

● 시스템은 곧 권한 위임이다

시스템을 만드는 첫 시작은 바로 '전결 규정'이다. 전결 규정이라는 의미에는 여러 가지가 포함된다. 회사 내에 조직도를 만들어야 하고, 각 부서별 책임자를 설정해야 하고, 여기에 따른 권한과 책임에 대해서 명확해야 한다. 이렇게 보면 굉장히 쉬운 말들이다. '조직도, 책임자, 권한과 책임 없는 회사가 어디 있어?'라고 말하지만, 과연 그럴까?

조직도, 책임자, 권한과 책임이 다 있다. 하지만 많은 회사들은 자신이 사장이라는 이유로 절차를 무시하기도 하고, 시스템을 뒤흔들기도 한다. 원래 7일이 걸리는 일인데 '내가 가서 이틀 간에 끝내!'라고 했을 때, 사장은 '이틀 안에 끝내야 되는 거다!'라고 주장할지도 모르겠다. 하지만 시스템이 있다는 것은, 이제부터는 직원들에게 해당 권한과 책임을 나누어 주는 것이고, 특히 권한을 확실하게 위임해야 하는 것이다. 힘(파워)을 나눠 주고 사람들이 각자 책임감을 가지고 일을 할 수 있도록 하여 직원들이 틀린 판단을 하더라도 책임을 질 수 있다면, 판단에 맞춰 일하는 것이 가능하도록 권한을 부여해야 한다. 그래서 결론적으로 나타나는 것이 '전결 규정'이라고 하는 하나의 규정이다.

전결 규정을 만들기 위해서는 사전에 조직도를 만들고, 부서별 책임자를 확실히 정하여 각자가 맡은 권한과 책임을 분배해야 한다. 이러한 권한과 책임이 분권화되면서 사장이 더 이상 사장이라는 이유 하나만으로 조직의 시스템을 무너트릴 수 없게 만드는 것이 바로 시스템을 향한 첫걸음이다.

"시스템화(Systematization) = 권한 위임(Empowerment)"이라는 것을 명심하자.

여기까지의 원칙은 모든 기업이 동일하다. 이제 업의 특성에 따라서 아니면 사업의 규모에 따라서 조금씩 달라질 수 있다. 제조업을 하는 곳이라면 전사자원관리시스템, 즉 ERP(Enterprise Resource Planning)라는 것을 검토해 볼 수도 있고, 서비스업이나 고객을 상대하는 곳이라면 노션(Notion), ASANA, 잔디(Jandi)와 같은 전결을 포함한 업무 지원 기능이 있는 애플리케이션들을 검토해 볼 수도 있다. 이 외에도 다양한 업무용 툴들이 있다. 그렇기에 기업에 상황에 따라 가장 알맞은 업무용 툴을 설정해서 운영하면 된다.

그럼 이제 조직 시스템화의 첫걸음이 시작된다. 얼마까지는 누가 어떻게 할 수 있는지에 대하여, 5백만 원 미만은 부사장이 결재할 수 있고 천만 원 이상은 사장이 결재해야 하는 식의 시스템이 만들어진다. 1년의 예산이 나오고 부서별로 업무가 추진되는 방식을 통해 회사 시스템의 기초가 잡히게 된다.

여기까지 중 가장 어려운 것은? 전결 규정을 만드는 것에 있어서 사장의 파워를 내려놓는 것 자체가 제일 어렵다. 어떤 사장은 하라고 해도 못한다. 하지만 내가 '경영'을 하는 사람이라면 내려놓아야 한다.

숫자에 조금씩 접근하기

'경영의 정석' 챕터의 목적은 기업의 시스템화를 추구하는 것이다. 더 나아가, 실제 경영은 어떤 업이든 간에 '숫자'로 이야기하기에 사장이 '숫자'와 친해지는 것이다. 특히 회계는 투자와 밀접한 상관이 있기에 사장이 기본적으로 알아야 한다. 그러나 회계와 투자 모두 돈과 숫자에 관한 이야기다 보니 사장이 이를 어려워하는 경우도 굉장히 많을 뿐 아니라 아예 접근조차 하지 않는 경우도 많다. 하지만 경영을 하는 사장이 알아야 하는 회계들은 생각보다 간단하다.

실제로 많은 사장님을 만나면서 대화를 나누다 보면, 가끔 사장님이 부끄러울 수 있는 상황이 연출된다. 이를 짚어 주자니 서로가 민망할 것 같고, 말하지 않자니 다른 곳에서 무시당하는 상황이 올 것 같다. 이번 기회에 회계에서 자주 오용되는 단어 3가지를 숙지해 두자.

우선 사업을 하면서 개인사업자는 6개월, 법인은 3개월에 한 번씩 신고를 하고 납부해야 하는 세금은 부가가치세의 줄임말인 '부가세'이다. 어떤 사장님은 이를 부과되는 세금이라 부과세라 표현하시는데, 이는 잘못된 표현이다. 다음으로는 직원들에게 매달 급여로 지급되는 비용은 이들의 인권을 위한 인권비가 아닌, '인건비'라고 표현하는 게 맞다. 마지막으로 어려운 용어일 수 있으나 회사의 재무 상태를 알려 주는 재무제표는 앞의 재는 'ㅐ'고, 뒤에는 'ㅔ'이다.

【세 번째 정석: 경영의 정석】

사장은 다른 사람들과 대화를 할 때 적어도 체면이 깎이면 안 되는 위치이기에, 회계에 있어 3가지의 오용되는 단어는 꼭 말씀드리고 싶다. 이러한 단어의 표기를 이해했다면, 이제 회계에 대한 가장 기본적인 것들을 요약 및 소개하고자 한다. 다행히도 기업의 회계와 관련된 부분은 인터넷에도 쉽게 잘 설명되어 있으므로, 본 챕터를 통해서는 기본 개념 및 용어들만 기억하자. 혹시 세부적인 사항에 대해 궁금하다면 인터넷을 통해 더 많은 정보를 찾아보는 것이 좋겠다.

- 회계는 경영의 기초 (BEP를 통한 생존목표)

사장은 돈의 흐름을 꿰차고 있어야 심각한 실수를 막고 실제 회사가 벌어들이는 돈을 가늠할 수 있다. 경영 역시 돈의 순환이고 흐름이다. 즉 매달 반복되는 것이다. 기업의 회계는 마케팅이 잘되면 매출액이 기존 1천만 원에서 1억 원으로 숫자가 '0'이 하나 더 붙게 되는 것이다. 만약 임대차를 통해 월세를 내던 사업자가 매매를 통해 사게 되면 더 이상 월세가 나가지 않는 것처럼, 곧 숫자의 변화가 사업인 것이다.

이처럼 영업의 성과 또는 비용의 증감이 회계적으로 표시되어 재무제표에서 나타난다. 이를 구성하는 숫자의 단위가 천만 원 단위이냐, 억 원 단위이냐의 차이만 있는 것이다. 사장이라면 이러한 전체적인 회계 프레임에 대해서는 기본적으로 인지하고 있어야 된다.

전체적인 프레임을 알아야지만, 매출이 올라갔을 때 "아 매출액이 올라갔구나. 혹시라도 부가세를 더 많이 낼 수 있으니 신경 써야겠다"라고 생각할 수 있으며, "우리가 매출액은 그대로인데 카드값을 점점 더 많이 쓰네? 왜 그러지? 카드를 누가 이렇게 많이 썼어?"라고 확인을 할 수 있게 된다. 결론적으로 회사의 회계 상태가 하나의 "대시보드(Dash-Board)" 형태로 매일 변동하면서 확인할 수 있도록 사장의 머릿속에 있어야 하는 것이 바로 경영의 기초이다.

많은 사장들이 이미 알고 있겠지만, 회계라는 것에 접근하기 전, 사업에 필요한 손익분기점(BEP)의 정의와 원가 변동에 따른 손익분기점을 계산하는 방법에 대하여 소개하고자 한다.

손익분기점이란 Break Even Point(BEP), 즉 손실에서 수익으로 전환되는 '동일한(Even) 상태(Point)'를 부셔버리는(Break!) 지점이다. 생존을 위한 최소한의 매출액 수치로서 이를 계산하기 위해서는, 원가율 계산 및 고정비 계산의 과정을 통해 산출할 수 있게 된다.

한 예로, 내가 카페를 운영하는 사장일 때 매출과 관계없이 고정적으로 발생되는 월세 200만 원, 인건비 250만 원, 공과잡비 50만 원 합계 500만 원의 고정비가 발생한다고 가정하자. 카페의 메뉴는 아메리카노 3,000원/카페라테 3,500원/스무디 4,000원으로, 해당 판매량은 1:1:1의 비율을 보인다. 각 커피콩, 컵, 빨대 등 1잔을 만들기 위해 들어가는 원가는 각각 1,000원/1,500원/2,000원이라 할 때 우리는 손익분기점을 계산할 수 있게 된다.

판매량의 비율이 같으므로, 평균 객단가를 3,000원/3,500원/4,000원의 평균인 3,500원으로 잡을 수 있으며, 이때의 평균 원가 역시 1,000원/1,500원/2,000원의 평균인 1,500원으로 잡을 수 있다. 즉, 고객에게 1잔의 음료를 팔게 되는 경우 객단가는 약 3,500원이고, 원가는 1,500원이기에 1잔당 2,000원의 마진을 남길 수 있다. 고정비인 500만 원을 해소하기 위해서는, 고정비 500만 원 나누기 1잔의 이익 2,000원으로 하여, 2,500잔의 음료를 팔아야 한다. 이는 1잔의 객단가 3,500원을 곱해 매출로는 875만 원을 달성해야 한다.

위의 계산에서 '매월 2,500잔의 음료를 판다는 것'은 최소 생존을 위해 일 단위 83잔의 음료를 팔아야 함을 의미하는데 이게 가능한가?'라는 질문을 사장 스스로 해 볼 수 있다. 일 유동 인구를 고려할 때 부담스러운 판매량이라 생각되어 소비자 가격을 천 원 올리게 된다면, 객단가는 4,500원에 1잔당 3,000원의 마진을 볼 수 있다. 고정비를 해소하기 위해서는 1,666잔의 음료를 팔고, 750만 원의 매출이 손익분기점이다. 이는 생존을 위해 하루에 55잔의 음료를 팔아야 한다는 것을 의미한다.

이처럼 손익분기점을 파악하는 과정을 통해 우리가 알 수 있는 부분은, 첫째 '현재 소비자 가격이 적절한가?', 둘째 '우리 매장의 월세나 고정비는 적정한 수준인가?' 셋째 '우리는 원가 관리가 잘되고 있는가?'라는 점이다.

최종적으로 사장은 손익분기점을 통해 예상되는 소비자의 금액별 판매량을 예측하여 최적의 수익을 얻을 수 있도록 계산할 수 있어야 한다. 사장이 사업을 함에 있어 BEP를 계산하는 방법이나 최소한의 생존을 위한 매출액 또는 월가율을 파악하고 있지 못한다면, 해당 부분을 아는 것이 향후 진행될 회계의 가장 최우선적인 과제라 말할 수 있다.

● 재무제표 中 특히 현금흐름표 + 손익계산서!

이제 본격적인 회계로 들어가자. 사업을 숫자로 표현하는 재무제표에는 총 5가지가 있다. 재무상태표, 손익계산서, 현금흐름표, 자본변동표, 주석. 이 중 재무상태표, 자본변동표, 주석 3가지의 경우 중소상공인 사장이 직접 살펴볼 일이 많지 않은 반면, 손익계산서와 현금흐름표는 아주 중요해서 사장이 항상 머릿속에 항상 새겨 놔야 한다. 손익계산서는 많은 사장님들이 중요도를 알고 있기에 다음 장에서 설명하도록 하고, 필자가 먼저 강조하고 싶은 것은 '현금흐름표'이다.

흑자 부도라고 들어 봤는가? 회사가 '언제 망하는가?'라고 할 때, '고객이 외면할 때", "시장이 없어질 때"와 같은 이유들도 있다. 하지만 진짜로 중요하게 생각해 보아야 하는 경우는 "회사가 돈을 지불해야 하는데 그 돈을 지불하지 못할 때"이다. 이는 곧 기업의 부도라고도 말한다.

부도가 나는 것은 회사에 현금이 없다는 뜻이다. 흑자 부도란, 손익계산서상에는 흑자가 나는데도 부도가 일어나는 것을 얘기한다. 많은 사장들이 말도 안 된다고 생각하지만, 흑자 부도는 생각보다 자주 일어난다. 손익계산서상으로는 매출에서 이것저것을 다 뗐는데도 십억이 남아서 훌륭하다고 박수칠 수 있다. 그러나 실질적으로 이를 구성하는 요소 중 매출액이 이십억이었는데 이 중에서 50%는 이번 달 말에 들어온다면? 혹은 내년에 들어온다면? 이런 것들을 생각하지 않고 손익계산서만 유심히 살펴보는 경우 "우리 손익계산서상에는 영업이익에서 십억이 남았네?"라고 생각하는 것이다. 하지만 매출액의 50%인 십억 원의 현금이 아직 통장에 들어오지 않았기 때문에 실질적으로 현금(Cash)이 "펑크"가 나서 흑자인데도 부도가 날 수 있다.

그래서 현금흐름표 관리는 굉장히 중요하다. 그런데도 많은 사장들이 손익계산서는 들어 봤어도 현금흐름표에 대해서 들어 본 사람은 많지 않다. 현금흐름표는 단순하다. 그럼 사장들은 어떻게 관리를 해야 할까? 가장 쉬운 방법을 소개한다.

우선 엑셀을 켜서 가로에 날짜를 쭉 쓰자. 7월 1일, 7월 2일, 7월 3일… 그리고 기초 잔액과 기말 잔액을 분리하자. 기초 잔액이란? 7월 1일에 통장 열었을 때 내가 가지고 있는 돈이다. 3천만 원, 그리고 오늘 하루 내 통장에 들어온 돈의 합을 입금에 기록한다. 예를 들어 카드 같은 경우는 실제로 고객이 결제하고 2~3일 뒤에나 입금이 되는데, 7월 1일에 들어오는 돈이 5백만 원이라고 하면, 6월 28일에 일어난 카드 매출 5백만 원이 들어온 것이다. 7월 1일에 나가는 돈이 월세가 천만 원이라 하면 기초 잔액 3천만 원, 수익 5백만 원, 출금 1천만 원, 따라서 7월 1일의 기말 잔액은 2천5백만 원이 된다.

날짜	7월 1일	7월 2일	7월 3일
기초잔액	30,000,000	25,000,000	27,800,000
입금	5,000,000	3,000,000	500,000
출금	10,000,000	200,000	2,500,000
입출금차	-5,000,000	2,800,000	-2,000,000
기말잔액	25,000,000	27,800,000	25,800,000

이 기말 잔액은 7월 2일에 기초 잔액으로 넘어간다. 이를 더하고 빼면 또 잔액이 나온다. 그렇게 계속 반복하면 된다. 반복하되, 사장이 이것을 직접 작성할 필요는 없다. 사장이 알아야 되는 것은 직원 한 명한테 이것을 작성하라고 맡긴 뒤, 다음과 같은 말을 해 두는 것이다.

"우리가 매달 1일엔 월세가 나가고, 매달 10일엔 카드값이 나가, 그리고 매달 25일엔 인건비가 나가고, 매달 말일엔 공과금이 나가. 이에 대한 금액을 미리 지출 항목으로 잡아 한 달 치를 계산했을 때 기말 잔액이 1천만 원보다 떨어지면 즉시 보고해. 그럼 내가 어떻게 해서든 마련해 올게."

현금흐름표를 작성할 때는 우선 주 단위로 혹은 월 단위로 쓰고, 계획을 포어캐스팅(Forecasting: 과거를 토대로 미래를 예측)하여 먼저 월간 계획을 짜고, 그 다음에 이것을 백캐스팅(Backcasting: 미래의 값을 현재 값으로 전환)하여 실제 일 단위로 정확성을 올린다. 즉, 월 단위로 짰을 때 매출이 얼마가 될지 모르겠지만 평균 월 매출이 1억 원이라면, 우선 매일 수입에 3백만 원씩을 잡아 둔다. 그 다음에 매일 실제 값으로 변경하면서 현금흐름표를 작성하는 것이다.

그래서 포어캐스팅 결과 "사장님, 저희 7월 25일에 급여가 부족합니다!"라는 보고를 듣는다면? 그럼 둘 중 하나를 해야 한다. 매출을 더 늘리거나 비용을 더 줄이거나. 그러나 비용을 갑자기 줄이는 것은 쉽지 않고, 매출을 올리는 것은 더 어렵다. 이때는 사장이 직접 발로 뛰어 자본을 끌어와야겠다고 결심해야 한다.

그렇기에 현금 흐름이 굉장히 중요하다. 현금흐름표가 없다면 어떻게 될까? 당연히 손익계산서만 보면 "돈이 있겠네?"라고 생각하기 마련이다. 그런데 어느 날 통장 잔고가 부족하다. 그리고 그날의 기말 잔액이 마이너스가 된다면? 이것이 흑자 부도다. 그토록 무서운 부도가 난 것이다. 그럼 기업이 공식적인 사망에 이르게 된다. 실제로 이게 어음이면 통장이 바로 압류당하고, 기업 신용 평가가 뚝 떨어지고, 회사는 정상 거래를 할 수가 없다. 그렇기에 사장은 머릿속에 기업의 현금 흐름을 꼭 넣어 놔야 한다.

● 사장을 위한 기본 세법 규칙

사장들 사이에서 자주 이슈가 되는 것이 바로 세금이다. '누가 세금을 줄였다더라, 이렇게 해야 절세라더라' 하면서 세금에 대한 말들은 늘 많다. 하지만 숫자를 어려워하기에 세금에 대해 학습을 하려는 사장은 많지 않다. 실제로 우리나라의 세금 체계를 열어보면 생각보다 쉽고, 논리적으로 이해가 되도록 잘되어 있다! 그렇기에 사장이 알아야 하는 사장을 위한 가장 기본적인 세법 규칙에 대해 알아보자.

여기 식당이 하나 있다. 이 식당은 월 매출액이 1천만 원이다. 그중 쌀, 고기 등과 같이 매출을 위해 다른 곳에서 사 오는 재료들, 이하 원가(COGS)가 3백만 원이다. 매출액에서 원가를 빼면 '매출 이익'은 7백만 원이 된다. 여기서 이 매장을 운영하기 위해 사용되는 판매관리비, 월세 2백만 원, 인건비 2백만 원을 제하고 남은 것은 '영업이익'이라고 부른다. 따라서 '(매출액)-(매출원가)-(판매관리비)'를 제하여 3백만 원이 남는 상황이라고 가정하는 경우, 이를 손익계산서로 표현하면 다음과 같다.

매출액	1000만 원	1인 단가 1만 원 1,000인분 판매
원가(COGS)	-300만 원	쌀, 고기 등 원재료
매출이익	700만 원	=매출이익
판매관리비 (인건비+월세)	-400만 원	인건비 200만 원 월세 200만 원
영업이익	300만 원	=영입이익 =사장수익

개인사업자의 경우 '영업이익=사장이익'이라고 볼 수 있으나, 법인의 경우 대표이사인 사장 급여는 판매관리비의 인건비로 책정되어 급여를

가져간다. 따라서 법인의 영업이익은 사장의 급여를 제한 뒤 남는 법인의 순수한 영업이익이라고 볼 수 있다. 이처럼 법인의 경우 사장의 인건비를 따로 산정하는 이유는, 법인의 영업이익은 사장의 몫이 아니라 주주의 몫이기 때문이다. 구체적인 내용은 투자의 정석에서 확인하기로 하자.

우리나라에서는 매출이라고 하는 부분은 현금을 받는 것과 신용카드를 받는 것, 2개뿐이다. 즉 고객으로부터 돈을 받게 되는 방법은 현금을 받는 경우, 신용카드를 받는 경우가 전부인데, 현금을 받았다면 '현금영수증' 또는 '세금계산서'를, 신용카드를 받았다면 '카드영수증' 이 3가지의 서류가 나의 매출을 기록해 주는 유일한 수단이다.

위 과정에서 매출액은 손님 1인이 만 원짜리 정식을 천 인분 팔았기에 천만 원의 매출을 올렸다고 가정했다. 하지만 실제 회계에서 돈의 정확한 속성과 이름을 붙이는 '분개'라는 작업을 하게 된다면, 매출액 천만 원 중 910만 원이 순 매출로, 90만 원이 '부가세 예수금'이라는 이름으로 잡히게 된다. 그렇기에 사장이라면, '아 내가 매출액이 천만 원이구나!'가 아닌 '나의 순 매출은 부가세를 고려하여 천만 원 매출을 해도 엄밀히는 910만 원만 매출한 것이구나!'라고 생각해야 된다(정확한 금액은 매출액 나누기 1.1을 한 9,090,090원으로 나누어떨어지진 않는다. 그냥 설명하기 쉽게 한다는 점을 감안하고 보자). 90만 원은 고객이 나에게 대신 지불한 것, 즉 부가세 예수금이고, 나는 정부한테 이걸 내야 되는 의무가 있다. 즉, 내가 받은 천만 원 중에서는 910

만 원만 내 것이고, 90만 원은 정부의 것이라고 인식해야 한다.

원재료비인 원가(COGS)의 3백만 원도 똑같이 분개하게 되면 270만 원은 내가 매입한 금액이고, 30만 원은 부가세가 된다. 그렇기에 내가 손님한테 받은 부가세 예수금 90만 원에서 재료를 납품받을 때 쓴 부가세 30만 원을 제하여서, 정부한테 내야 되는 부가세는 90만 원 마이너스 30만 원인 60만 원이 된다. (물론 매입 상품의 부가세 공제에 대한 여부는 세무사에게 묻고, 큰 틀에서 원리를 잡도록 하자.)

우리가 매출, 매입, 판매관리비 등 사업에 있어 돈을 받고 지불하는 모든 과정에서 현금영수증, 세금계산서, 신용카드영수증을 받아야 되는 이유는 우리가 매출을 통해 지불해야 하는 부가세를 '내가 이걸 만들기 위해 원가로 사 왔습니다!', '내가 사업을 위해 월세 등으로 돈을 냈습니다!'라는 것을 입증하기 위해서이다. 간약 재료 공급 업체, 예를 들어 마트에서 현금을 지불하고 현금영수증 또는 세금계산서를 받지 못했다면 정부에서는 이를 정당한 사업 비용으로 인정해 주지 못할 뿐 아니라, 부가세매입세액공제의 혜택 역시 받지 못하게 된다.

이렇듯, 매출과 매입 과정에서 현금영수증, 세금계산서, 카드영수증과 같이 돈의 꼬리표 지출을 의무화하는 방식을 사용하다 보니 우리나라는 세금에 있어서 굉장히 투명한 나라가 된 것이다. 쉽게 말해 다음 사람이 세금을 더 내지 않으려면 전(前) 과정이 투명하게 밝혀져야 한다. 부가세라는 제도를 도입하여 세금계산서, 현금영수증, 카드를 쓰게 하고, 심지어 정부에서는 최종 소비자들에게 신용카드를 쓰거나 현금영수증을 사용하면 연말정산에 세금을 그만큼 더 줄여 주는 인센티브를 활용하므로 소비자들이 먼저 현금영수증 및 카드 사용을 요청하게 되는 것이다.

● 세금을 고려한 회사 상태 파악

앞 내용의 교훈을 정리하면, 천 원을 매출했을 때 이것은 910원이고, 부가세가 90원임을 고려하여 공급가액과 따로 생각해야 된다는 점이다. 만약 천 원의 매출이 발생했다고 하면 일반적인 사람들은 "내가 천 원 벌었어"라고 생각한다. 하지만 실질적으로 이것을 분개라고 하는 행위를 통해 천 원이, 천 원이 아니게 된다.

공급이 A라는 사람에서 B로 이루어지고, B라는 사람에서 C로 이루어지면 갈 때마다 계속 부가세가 붙는다. C가 최종적으로 소비자한테 판다고 하면 이 소비자가 내야 되는 돈이 부가세인 것이다. 즉, 소비자가 나한테서 천만 원어치를 구매하는 경우 내가 실제로 달성한 순 매출은 910만 원이다. 거기서 내가 매입한 금액이 부가세 포함 400만 원일 때 부가세를 제외한 순 공급가액인 360만 원을 빼면 내가 번 돈은 550만 원이다. 이후 여기서 판매관리비 항목으로 월세 121만 원이 나가는데, 월세도 분개를 하면 공급가액 110만 원과 부가세 11만 원이라고 했으니 110만 원을 빼야 한다. 그리고 카드를 165만 원 썼는데 이것도 분개를 하건 공급가액 150만 원에 부가세 15만 원이 되니까 여기서 판매관리비가 총 260만 원이 빠진다. 이후 인건비 300만 원이 추가로 빠져 550만 원-560만 원을 계산하여 결국 10만 원의 적자가 되는 것이다. 반면 브가세를 그러하지 않은 계산에 의하면 플러스 14만 원이라고 생각할 수 있지만 실제로는 적자인 상태이다. 그렇기에 세금 중 부가가치세를 그러하여 사업의 수익을 확인하는 것이 굉장히 중요하다. 내가 벌었다고 생각한 돈이, 사실 알고 보면 내 것이 아닌 부가세를 쥐고 있는 것일 수도 있기 때문이다.

기준	부가세 미반영	부가세 반영	
		공급가액	부가세 (VAT)
매출액 (A)	10,000,000	9,100,000	900,000 (낼 돈)
원가 (B)	4,000,000	3,600,000	400,000 (받을 돈)
매출이익 (C)=(A-B)	6,000,000	5,500,000	
판매관리비 합계 (D)	5,860,000	5,600,000	
인건비	3,000,000	3,000,000	
월세	1,210,000	1,100,000	110,000 (받을 돈)
카드값	1,650,000	1,500,000	150,000 (받을 돈)
영업이익 (E)=(C-D)	140,000	-100,000	240,000 (낼 돈)

회계 분개 과정에서는, 직원이 5인 미만인 회사일 때 이지샵과 같은 서비스를 쓰라고 추천한다. 이지샵이라는 프로그램은 한 달에 만 천 원만 내게 되면 직원 급여부터 앞선 분개 관련 계산을 다 해 준다. 이처럼 5인 미만의 경우에는 매출과 매입, 판매관리비에 직접 이름을 붙여가면서 기업의 회계에 대해 경험해 보는 목적으로 사용하게 되는 경우, 향후 기업을 운영하면서 더 큰 규모에서도 정확한 회계의 기초를 다져 볼 수 있기에 강하게 추천한다.

이후, 직원이 5~50인 사이에는 세무사나 회계사 사무소에 회계기장을 맡기는 걸 추천한다. 기장은 세무사, 회계사에게 비용을 주고 회계를 맡기는 행위이다. 기장의 경우 회사가 지불해야 하는 돈은 크게 2가지인데, 매월 10만 원 정도 내는 기장료라는 게 있고, 연 1회(대부분 5월) 지불하는 조정료라는 게 있다. 조정료는 평균 50만 원 정도 내는데 이것은 매출액에 따라 달라진다. 기업에서는 통장 내역 및 영수증 등을 보내면 사무소에서 이를 계산하여 급여 대장도 보내 주고, 신고할 것이 있으면 신고도 대행해 준다.

내가 누누이 사장에게 강조하는 것은 우리가 직접 회계사/세무사가 될 필요는 없다는 것이다. 하지만 최소한 전문가에게 왜 돈을 주고, 이 돈을 어떻게 잘 쓰는지에 대해서는 알아야 된다.

5인 미만일 때 이지샵을 쓰라고 하는 이유는 5인 미만일 때 근로기준법의 적용을 받지 않기 때문이다. 물론 이때에도 최저임금법은 적용을 받는다. 근로기준법이 적용되지 않기 때문에 사업을 계속 5인 미만으로 운영하는 것도 굉장히 훌륭한 전략이다. 5인 미만 사업자의 장점이 있다면, 근로자에게는 잔인할지 모르지만 부당 해고가 성립되지 않으며, 연장, 야간, 휴일 근로에 대한 가산급 지급의 의무가 없으며 연차 발생이 적용되지 않는다. 반면 5인이 넘어갈 때는 근로기준법이라는 게 적용되기에 더 신경을 써야 할 사안들이 많아진다.

이후 직원 수가 50명이 넘어갈 때에는 ERP라는 것을 써야 한다. ERP라고 함은 더존, 세무사랑, 이카운트 등을 활용하면서 더 나아가 사내 경영지원팀이라는 것도 만들어야 된다.

● 인건비를 위한 세 컵

사장이 영업이익을 줄여 세금을 적게 내기 위하여 가족의 명의를 사용해서 '와이프한테 회사가 버는 영업이익을 급여로 지급해야지!'라고 하면 내야 할 세금은 없는 걸까? 정부는 이러한 꼼수를 막기 위해서 인건비는 조금 더 까다롭게 본다. 특히 인건비 관련해서는 기준을 딱 세 개로 나눠 놨다. '기업이 직원을 상용으로 사용하는가? 아니면 일시적으로 사용하는가? 그것도 아니라면 프리랜서로 사용하는가?' 이런 기준으로서 회사의 인건비는 딱 나눠 놨다.

> 1. 상용직
>   : 근로계약서 의무+월급 줄 때 4대보험 및 소득세를 차감하여 원천징수
>   → 연봉 2,400만 원 직원의 경우 월 지급액: 200만 원 −25만 원(4대보험)−
>   8만 원(소득세)=실 지급액 167만 원
> 2. 일용직
>   : 기타 소득 8.8% 원천징수한 뒤 지급+근무 시간에 따라 고용보험 및
>   국민연금 가입 의무 있음
>   → 지급액: 200만 원−17.6만 원(8.8%)=182.4만 원 지급
> 3. 프리랜서
>   : 사업 소득 3.3% 원천징수한 뒤 지급+근무 시간에 따라 고용보험 및
>   국민연금 가입 의무 있음
>   → 지급액: 200만 원−6.6만 원(3.3%)=193.4만 원 지급
>   *프리랜서란? 1회가 아니라 업으로 하는 사람!

'상용직'으로 사람을 쓰면 무조건 근로계약서를 써야 한다. 쓰지 않으면 과태료가 최대 5백만 원이다. 근로계약서를 쓰고 월급 줄 때는 4대보험을 납부해야 하고, 더하여 소득세까지 차감해서 세무서에 익월 10일까지 제출해야 한다. 만약 직원이 월급 2백만 원을 받으면 4대보험으로 약 25만 원을 제하고 소득세 약 8만 원이 공제된다. 따라서 실제 수령액은 167만 원이 된다. 소득세는 직원들의 것을 모아 회사에서 익월 10일에 대신 납부를 한다. 정부에서는 사람에게 돈이 나갈 때, 4대보험과 이런 소득세를 기준으로 정당하게 나갔는지 본다.

따라서 많은 직장인들이 월급쟁이를 투명 지갑이라고 한다. 하지만 정부에서는 일단 세금을 다 원천징수하여 떼어 간 다음 연말정산이라는 방법을 통해 사람마다 세금을 다르게 적용한다.

A, B가 똑같이 연 2,400만 원을 벌었다고 하자. A는 아내와 자녀가 있어서 4인 가족이고, B는 혼자 산다. 이때 2,400만 원에서 똑같이 세금을 떼면 억울하다는 논리이다. "A는 4인 가족이네. 그럼 내야 할 세금에서 본인, 아내, 자녀 2인에 대하여 세금을 공제해 줄게"와 같이 부양가족을 기준으로 하거나, "A는 카드를 3천만 원 썼고, B는 카드를 천만 원 썼으니 소비한 만큼 공제해 줄게"와 같이 소비 금액에 따라 공제하는 항목이 다르게 된다. 따라서 "A는 사실 2천4백을 벌었지만 내야 될 세금은 30만 원이야, B는 2천4백을 벌었지만 네가 내야 될 세금은 백만 원이야"라고 책정한다. 그러면 "둘 다 8만 원씩 12개월을 내서 총 96만 원을 냈네? A는 30만 원만 냈으면 됐으니까 66만 원은 돌려줄게" 혹은 "B는 백만 원을 내야 되는데? 4만 원만 더 내!"와 같은 방식으로 정산하여 세금을 더 내거나 줄여 주는 것이 바로 연말정산이다.

마지막으로 프리랜서는 3.3%만 세금을 제하며, 일용직의 경우 8.8%를 제한 뒤 지급하게 된다. 일용직과 프리랜서의 차이는 프리랜서는 일을 일회성으로 하기보다는 업으로 하는 행위자로서, 돈을 받는 사람 입장에서는 프리랜서로 적용하는 것이 세금을 적게 내기에 좋다고 생각될 수 있다. 하지만 회사에서는 이를 적용할 때에 엄밀한 기준으로 측정하는 것이 옳기에 회계사나 세무사의 도움을 받아 진행하는 것이 매우 중요하다. 뿐만 아니라 근무 일수와 시간에 따라 국민연금 및 고용보험의 가입 대상이 달라지므로 일용직 및 프리랜서의 경우 꼭 회계사나 세무사에게 도움을 받도록 하자.

이렇듯 우리나라의 세법은 굉장히 촘촘하게 잘해 놓은 만큼 경영에 있어서 세금 문제만큼은 정도(正道)를 걷겠다는 마음이 무엇보다 중요하다.

경영의 정석을 마치며

우리는 경영의 정석 챕터를 통해 경영의 최종 골은 권한 위임이라는 시스템을 도입하여, 사장이 없어도 기업 스스로 돌아갈 수 있도록 경영하는 것임을 알게 되었다. 또한 회계는 경영의 기초이기에 손익계산서와 현금흐름표를 작성하고 읽는 역량을 통하여 기본적인 수입과 지출, 그리고 현금에 대한 감각의 중요성을 이해하였다. 또한 사장에게 필요한 세금에 대한 정보를 통해 부가세의 중요성과 분개의 역할과 필요성, 인건비의 비용처리에 관한 내용에 대하여 학습하였다.

MEMO

사장의 정석

네 번째 정석
투자의 정석

돈을 번다는 것은?
투자의 세계
투자의 정석을 마치며

사장의 정석
【네 번째 정석: 투자의 정석】

돈을 번다는 것은?

기업에 "돈"이 들어오는 방식은 세 가지뿐이다. 고객이 나의 서비스나 제품을 구매하여 매출로써 기업에 돈이 들어오는 방법, 주주가 회사에 자본금을 납입하거나 외부의 투자를 유치하여 증자라는 과정을 통해 돈이 들어오는 방법, 마지막으로 외부에서 돈을 빌려 돈이 들어오는 방법이 있다.

매출의 경우 판매량을 늘리거나 단가를 올리게 되면 매출이 신장된다. 자본금과 투자의 경우 법인만 해당되지만, 회사에 돈이 들어오는 대가로 회사의 주식(지분)을 제공하게 되며, 이는 향후 발생하는 이익에 대하여 지분율만큼 나누게 된다.

외부에서 돈 빌리는 것을 대출이라고 표현하며, 대출은 원금 상환의 의무와 약정된 이자의 지급이라는 약속을 전제로 돈이 들어온다.

기업에 돈이 들어오는 것과는 달리 사장이 창업을 해서 돈을 벌 수 있는 것은 두 가지밖에 없다. 매달 꾸준히 돈(영업이익)을 남기는 것과 회사가 성장함에 따라 외부의 투자(M&A 또는 주식상장[IPO])를 통해 보유하고 있는 주식을 현금화하는 방법이다.

투자의 정석에서는 '기업과 사장의 돈'이라는 관점에 대하여 알아보도록 하자.

- **첫째, 매달 꾸준히 '영업이익'을 남기는 것**

매출	1000만 원	=매출액
원가	-300만 원	
매출 이익	700만 원	
판매관리비 (인건비+월세)	-400만 원	인건비 200만 원 월세 200만 원
	300만 원	=영업이익

식당의 손익계산서가 위와 같을 때(부가세는 무시하자), 영업이익이 3백이면 "3백만 원을 버는 사장"이 된다. 이걸 꾸준히 하면 된다. 여기서 돈을 더 벌고 싶다면 매출액을 늘리거나, 원가 또는 판매관리비를 줄여 영업이익을 늘리는 방법을 활용하면 된다. 만약 영업이익이 5백이라면? 나는 5백만 원을 버는 사장인 것이다. 영업이익이 8백만 원이면, 8백만 원을 버는 사장이다.

즉 사장의 입장에서는 '이 영업이익을 지속적으로 내면서 어떻게 영업이익의 크기를 늘릴 수 있을까?' 하는 것이 많은 사장들의 가장 큰 고민이다.

여기서 잠깐. 투자 VS 대출(Investment VS Loan)

위에서 이야기한 대로 영업이익의 크기를 늘리기 위해서는 우선 지출을 줄이는 방법을 고려해 볼 수 있다. 인건비는 자동 무인 판매기로 줄일 수 있고, 월세가 부담되는 경우 아예 매장을 매매한다면 더 이상 월세가 나가지 않게 된다. 이 경우 자동 무인 판매기를 구매하는 비용 및 매장을 매매하는 데 초기의 목돈이 들어간다. 하지만 이 자금은 100%의 확률로 영업이익 상승이라는 기대 효과를 볼 수 있기에 이 돈은 대출이라는 방식의 "돈을 빌리는 것"으로 해야 한다. 절대 해당 부분에 대해서 투자를 받으면 안 된다. 자동 무인 판매기를 통해 인건비를 2백만 원, 매장을 매매함으로 월세를 2백만 원 절약하는 방안의 경우 영업이익의 증대 기대 효과는 100%이다. 불확실성, 즉 리스크가 없기에 남의 돈을 받을 이유가 없다. 즉, 자금을 통한 비용의 절감 또는 매출 증대의 확률이 100%에 가까우나, 이로 인한 기대 효과가 "제한적"이라면, 이는 대출을 받아야 하는 상황이라고 설명할 수 있다.

- **둘째, '매출'을 공격적으로 확대하기**

앞서 대출에 대한 설명을 진행하였다. 그럼 대체 투자는 언제 받느냐? 투자는 리스크를 나누어야 할 때, 그리고 자본이라는 것을 활용하여 드라마틱하게 영업이익을 늘리고자 할 때 받으면 된다.

예컨대 앞 장의 표와 같은 식당을, 다섯 개로 확장하려고 한다. 계획대로 된다면 매출액이 5천만 원이 되며, 여기서 원가 및 판관비를 제하더라도 영업이익은 1,500만 원이 된다. 가게를 1개 추가하는 데 1억 원의 비용이 든다고 가정하자. 그럼 내가 4개를 더 열 수 있도록 4억 원의 자본이 더 있다면 무조건 5천만 원의 매출액이 될까? 이 결괏값은 미지수이다. 확률로는 잘해야 50% 정도이다.

대신, 정말 성공한다면 벌 수 있는 돈이 1,500만 원이 되니 영업이익이 자그마치 5배가 늘어난다. 즉, 굉장히 커진다. 이렇게 커지면 영업이익에 따른 성과도 투자자와 충분히 나눌 수 있다. 그렇기에 이 시점에서, 이런 리스크가 있는 상황의 투자를 고려해 보는 것이다. 즉, 자금을 통한 비용의 절감 또는 매출 증대의 확률이 50% 정도로 불확실하나, 이로 인한 기대 효과가 "극적으로 확대"될 수 있다면, 이는 투자를 유치하기 위해 노력해야 하는 상황이라고 설명할 수 있다.

투자 시나리오를 여러 가지로 그려 볼 수 있다. "투자해 주신다면 제가 투자자께 영업이익 중 천만 원을 드리겠습니다. 그리고 저는 오백만 원만 가져가겠습니다." 또는 "우리 750만 원씩 반반으로 가지고 가시죠!"라고 제안할 수 있다. 향후에 발생할 큰 영업이익을 가지고 이를 얼마나 나눌 수 있느냐고 하는 것이 바로 '투자'의 기본이다. 돈이 있다고 해서 무조건 성공하는 게 아니다. 성공 확률이 미지수이지만, 향후 얻어질 수 있는 수익이 5배, 10배 커진다 하면 투자를 받아야 하는 상황인 것이다.

투자자를 설득하는 과정을 IR(Investor Relations)이라고 하는데, 이는 투자 유치 행위이다. 투자자를 상대로 여러 스타트업이 모여서 발표하는 날을, IR데이 또는 데모데이(Demoday)라고도 한다. 이때 사용되는 자료를 IR 덱(IR Deck)이라고도 하며, 우리가 익히 들은 '사업계획서'가 바로 이 IR 프로세스에 필요한 자료이다. 투자자들에게 "나 지금까지 천만 원으로 한 달에 3백만 원이 남는 비즈니스를 만들어 냈습니다! 무엇보다 소비자들이 좋아합니다. 투자자께서 돈만 투자해 주시면 제가 매장 5개를 내서, 매출액 5천만 원, 영업이익 천5백만 원을 벌겠습니다! 이 정도면 투자할 만하지 않나요? 그래서 이 정도의 돈이 필요합니다"라고 한다. 투자자들에게 말하고 자금을 유치하는 행위가 바로 '투자'이다. 이를 통해 매출을 공격적으로 늘리게 되면 당연히 투자자 몫을 제하고도 사장의 이익 역시 혼자 사업으로는 할 수 없을 만큼 남게 된다.

- 셋째, '창업-주식'으로 돈 벌기

앞선 투자와 매출 확대도 대단한 일이지만, 일을 더 크게 벌려 보자. 여기에서 주식회사라는 개념이 나오게 된다. 주식회사와 관련된 구조를 하나하나 뜯어보자. 내가 주식회사를 차릴 것인지, 개인사업자를 유지할지에 대해서는 아직 결정하지 않았더라도 자본주의에서는 주식회사가 중심이 되기 때문에 사장이라면 이에 대해 반드시 알아 두도록 하자.

법인에게는 법인 등기부등본이라는 게 있다. 사람이 주민등록등본을 뽑듯이 법인에도 등기부등본이 있다. 법인이라 함은 자연인의 반대말이다. 자연인이라 함은 사장과 같은 사람이다. 태어나자마자 권리가 부여되고 인격을 가지고 있다. 반대로 법인은, 사람은 아니지만 권리와 의무가 있고 이를 행사할 수 있는 주체를 의미한다. 즉, 법에 의하여 하나의 독립된 인격이 부여되는 것이다. 단, 해당 권리와 의무는 법에서 허용 범위 안에서만 처리 가능하다. 쉽게 말해 법인이 출생신고 및 혼인신고 빼고는 다 할 수 있다고 봐도 과언이 아니다. 즉 법인이란 가상으로 우리가 사업을 위하여 만들어 낸 존재이다.

법인의 형태 중 가장 많은 창업자들이 선택하는 주식회사에 대하여 살펴보자. 물론 법인은 주식회사 이외에도 유한회사, 합자회사 등 다양한 법인이 있지만, 우리 사장들은 투자를 비롯한 외부 자금 조달에 목적을 두고 법인을 살펴보기에, 주식회사에 대하여 알아보고자 한다.

주식회사는 주주, 이사, 정관으로 구성된다. 주식회사를 설립하기 위한 가장 첫 단계로는 주주를 구성하는 것이다. '우리가 이런 사업을 할 건데 돈 좀 모아 보자'라는 말에 모인 사람들이다. 해당 법인의 주주가 누구인지는 법인의 주주명부에 기재되며, 법인 등기부 등본에는 주식회사의 총 자본금이 얼마인지, 1주당 발행금액(액면가)이 얼마인지 나와 있다. 초기에 주주가 납입한 자본금은 기업이 돈을 벌어 올 수 있는 마중물의 역할을 하며, 회사의 영업이익은 주식을 보유한 비율대로 주주들이 나누어 갖기 때문에 주식회사의 진정한 주인은 주주라 할 수 있다. 초기 스타트업의 경우 주주가 사장 1인인 경우가 많으며, 바로 그 사장이 주식회사의 주주이자 대표이사를 겸직하게 된다.

두 번째로, 주주들이 모여서 돈을 모았으면 그 다음으로 정관을 만든다. "우리 회사의 목적을 경영 컨설팅, 부동산 중개로 하자"라고 한다면 정관에 이와 같은 내용이 사업 목적으로 들어간다. 주식회사는 정관에 적힌 사업 목적 외의 활동은 아무것도 할 수 없다. 주식회사에는 권리와 의무가 있는데 법적으로 부여된 범위 내에서만 할 수 있기에, 정관의 사업 목적 이외에 다른 사업을 할 수 없다. 즉, 주주들이 모여서 회사의 정관을 세우고 회사의 룰을 정하는 것이다.

세 번째로는 주식회사 운영자를 선출하게 된다. 바로 등기 이사라는 직분이다. 이사라는 사람들은 등기가 되어 있어서 법인등기부등본을 뽑게 되면, 이 회사는 자본금이 얼마고, 사업 목적이 무엇이고, 어떤 이사들로 구성되어 있다는 것이 나온다. 심지어 대표이사의 경우 살고 있는 집 주소까지도 등기부등본의 기재가 될 만큼 우리나라 상법의 경우 경영의 투명성을 강조하고 있다고 볼 수 있다.

이처럼 주식회사는 가장 먼저 주주가 모이고, 정관을 만들어, 이사를 선출한 다음, 이사가 경영권을 가지고 다른 직원들을 뽑으며 사업이 점차 법인 체계를 갖추어 구성된다. 주주는 사실 하늘과도 같아서 이사들보다 위에 있어야 될 수도 있지만, 주주의 자본금이 회사의 몸통이므로 아래 그림처럼 표현할 수 있겠다.

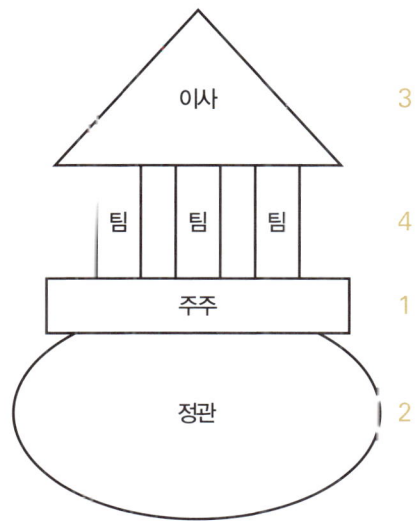

주식회사에 대한 기본 이해가 끝났다면, 원래 여기에서 이야기하려고 했던, '창업-주식'으로 돈을 버는 과정에 대해 설명하고자 한다. 예를 들어 자본금 1억짜리 핫도그 회사를 만들었는데, 주주의 50%가 철수, 25%가 영희, 25%가 민수로 구성되어 있다. 법인 통장에 각각 5천만 원, 2천5백만 원, 2천5백만 원씩 냈다. 이렇게 1억짜리 회사를 만들었는데, 우리가 핫도그를 열심히 팔아서 매출도 많이 나오고 영업이익도 많이 나오게 됐다. 그래서 자본금은 1억인데, 기업 가치는 10억으로 평가를 받는 상황이다.

이때, 사장인 철수는 실제로 5천만 원의 주식을 소유하고 있는데 이것을 사람들이 '이 주식의 가치는 5억이야'라고 말한다. 만약 철수가 주식을 다 팔겠다고 하면, 사람들은 그 주식을 5억에 사가게 된다. 철수는 5천만 원을 투자했는데 그 주식을 팔아서 5억을 벌 수 있는 것이다.

이렇게 설명하면, 이는 아마 많은 사람들이 익숙한 주식과는 다른 느낌이다. 삼성전자 주식을 5만 원에 사서 7만 원에 팔면 2만 원씩 벌게 된다는 것에 익숙하다. 우리가 익숙한 이런 상장회사의 경우 주식을 100주를 사고팔게 되면 '2만 원 × 100주' 하여 2백만 원을 버는 것이다.

사실 이렇게 이미 상장된 주식을 통해 돈을 버는 것보다 상장 전의 주식거래야말로 투자의 묘미이다. 상장 전 단계의 주식거래에 대해 가르쳐 주는 사람이 아무도 없지만 말이다. 실질적으로 돈을 버는 사람은 일반 코스닥, 코스피의 상장된 주식을 5만 원에 사서 7만 원에 팔아 돈을 번 게 아니라, 철수나 영희, 민수처럼 초기에 액면가 1만 원짜리를 샀던 사람이다. 1만 원짜리를 10만 원에 상장시키면 무려 한 주당 9만 원을 번다. 5만 원의 상장된 주식을 7만 원이 될 때까지 기다려서 2만 원을 벌 바에는, 1만 원짜리를 액면가 주식을 10만 원에 상장시켜서 한 주당 9만 원씩 버는 사람이 진짜 승리자 아닌가? 하지만 우리는 진짜 위너(Winner)에 대해 알지 못한다. 액면가에서 이 차액만큼 버는 이 사람들이 진짜 위너인데 말이다.

이때 이 핫도그 회사에 A라는 투자자가 '내가 여기에 10% 투자할래'라고 말했다고 해 보자. 그리고 기존 주주들이 승낙했다. 그럼 자본금이 1억에서 1천만 원이 더 "증자"된다. 그래서 자본금은 1억 1천이 된다. 대신, 기업가치가 10억 원의 가치이기 때문에 이 액면가 1천만 원짜리를 투자자는 현금 1억을 주고 사야 한다. 이 1억이라는 돈은 법인에게 간다. 그 결과 법인의 주주 명부 자체가 1억에서 1억 1천으로 바뀌면서 철수는 50% 지분 비율에서 47%로, 영희는 25%에서 21%로 줄고, 민수도 21%로 줄고, A가 약 8%로 들어오게 될 것이다. 그래서 자본금 합계 금액은 1억 1천이고, A는 8%인 액면가 1천만 원을 가지게 된다. 1억 중에서 액면가는 1천만 원인데, 그럼 나머지 9천만 원의 차액은 어디로 갈까? 이것은 회사에서 주식발행초과금이라는 이름으로 회사에 그냥 남아 있다. 그럼 회사에서는 남은 9천만 원을 가지고 더 열심히 영업을 하게 된다. 이게 투자다. 결론적으로 회사만 9천만 원을 벌었다. 이것을 회사에 주식이 새로 발행되었기 때문에 '신주투자(New Stock Investment)'라고 한다.

반대로 '구주투자(Old Stock Investment)'라는 게 있다. 개인 간의 주식을 거래하는 경우 회사의 입장에서는 새롭게 발행되는 주식이 없기 때문에 구주투자라고 부른다. 예를 들어 A가 이 회사의 주식을 사고 싶어 '영희'에게 따로 갔다. "영희 님, 저 이 회사가 너무 좋은데 당신이 가지고 있는 2천5백만 원 주식 중에 1천만 원을 저한테 주세요. 제가 1억을 드릴게요." 회사에서는 자본금 변동이 없다. 영희의 주식 비율만 15%로 줄고 새 투자자 A가 10%로 들어오게 된다. 여기서 부자가 된 사람은? 바로 영희이다.

요약하자면, 이런 식으로 기업의 미래 담보 가치를 가지고 오늘의 돈을 벌 수 있는 것이, 창업을 통해 돈을 벌 수 있는 세 번째 방법이다. 사실 이게 가장 매력적이고 규모가 큰 분야인데, 많은 사장들은 여기에 대해 잘 모르고 겁낸다. 상장사 주식을 5만 원에 샀다가 7만 원에 팔았다고 행복해하지만 주식의 액면가가 5백 원에 불과하다는 것을 아는 사람은 많지 않다. 이러한 비상장 주식 거래는 엔젤 투자자나 엑셀러레이터, 개인투자조합과 같은 전업 투자자들 사이에서 주로 거래된다. 기업이 어느 정도 크고 일정한 규모에 맞추어 상장될 때에 비로소 일반인들이 쉽게 상장 주식을 사고팔 수 있게 된다.

구주 투자 거래를 통한 시세 차익 실현 외에도, 주주로서 이익을 가져가는 배당이라는 방법을 설명해 보자. 아까 말한 핫도그의 예시로 가보자. 매출액이 1천만 원이고 영업이익이 3백만 원이며 자본금은 1억 원이다. 현재 핫도그 집이 꽤나 잘되어서 내가 기업 가치를 10억으로 인정받고 있다.

그런데 사장인 나는 앞서 말한 것처럼 매장을 5개로 만들어서 영업이익을 천5백만 원으로 만들고 싶어 하는 상황이다. 그때, 10%를 투자하겠다는 H가 와서 천만 원어치 주식을 사서 회사에 투자한다고 한다. (앞서 말했듯 기업 가치와 비례하여 투자하니까 실제로는 1억을 넣은 것이다.) 그럼 이제 회사의 자본금은 1억1천만 원이 됐다. 내가 가진 주식 지분율은 100%에서 90.9%로 낮아지고, 9.1%는 투자자 H씨의 차지가 되었다. 차액인 9천만 원은 주식발행초과금으로 회사에 남게 된다.

그래서 나는 투자받은 것을 바탕으로 핫도그집 프랜차이즈를 5개로 확대하고, 영업이익을 한 곳당 300만 원씩 총 1,500만 원으로 늘릴 수 있었다. 그럼 이 1,500만 원에 대해서 남는 돈을 주주들에게 배분한다. 90.9%는 원래 핫도그 사장인 내가 가지고 9.1%는 새로운 투자자 H가 받는다. 그럼 투자자 H는 배당이라는 형태로 매월 150만 원을 받을 수 있는 구조가 되는 것이다. 원래의 핫도그 사장은 외부인에게 돈을 투자받은 것에 대한 급부로, 배당의 형태로 매월 150만 원을 떼 주더라도 한 달에 1,350만 원이라는 큰돈을 벌 수 있게 되는 것이다.

물론 이런 가정들에서 밸류에이션(기업가치평가)이 10억이라는 말도 안 되는 큰돈이라서 대단히 쉬운 돈벌이처럼 보이지만, 투자의 원리가 이와 같다는 것만 알면 된다. 밸류에이션을 낮추게 되거나 투자자 대 창업자의 비율이 조정되면 조금 더 불리/유리한 사람이 생길 수 있다. 그래도 투자자와 사장 간의 투자를 통한 자금 유치가 잘 풀린다면 서로에게 이득인 것은 확실하다.

투자자의 관점에서 다시 보면 이 투자자가 투자를 하는 이유는, 자선과 기부를 하는 것이 아니라 투자의 결과가 은행 이자보다 높았으면 좋겠다는 '수익률'로 결심하는 것이다. 동시에 리스크는 최대한 작았으면 좋겠다는 기대심을 가지고 있다. 투자자는 이러한 적정 수익률과 기대심을 맞춰 줄 수 있는 곳을 찾아 투자를 진행한다. 투자자 본인의 피 같은 돈을 쓰는 것이기 때문이다.

이것이 투자자들의 기본 마인드이다. 투자자는 위의 핫도그 사업 사례처럼 매달 영업이익에 대한 배당을 자신의 지분만큼 받아 가는 것과 다시 이 주식을 다른 사람에게 더 비싼 가치로 팔아 시세차익을 남기는 것, 이렇게 두 가지 방법을 사용하여 수익을 올린다.

─ 투자의 세계

투자는 나쁜 게 아니다. 우리는 자본주의에 살고 있고, 자본주의의 꽃은 돈이 더 큰돈을 벌어 오게 만드는 것이다. 이는 정말 아름다운 일이다. 앞서 설명한 것처럼 내가 10억짜리 아파트를 소유한다면, 순 월세 약 3백만 원이 나온다. 그런데 10억을 모으기 위해서는 연봉 4천만 원인 사람이 아무것도 쓰지 않고 25년을 벌어야 되고, 실제로 내가 매년 2천만 원을 저축한다고 하면 50년을 모아야 된다. 저축을 통해 10억을 모으는 것은 사실상 불가능하다. 반면에 내가 창업을 하거나, 투자를 받아 회사(스타트업)라는 것을 만들었다고 가정하자. 그래서 사장인 내가 없더라도 여기서 한 달에 3백만 원이라는 돈을 받을 수 있도록 시스템을 갖춰 두었다면? 그럼 이 기업은 별도의 밸류에이션을 하든, 뭘 하든 상관없이 나에게는 10억짜리 아파트랑 똑같은 가치인 것이다.

즉 사장이 된다는 건, 내게 선택권이 있는 것이다. 내 시간을 돈과 바꿔서 25년을 올인하여 10억짜리 아파트를 얻어 낼 것이냐, 아니면 내가 5년 안에 시스템이 좋은 하나의 기업을 만들어 기업이 나에게 정기적으로 안정적인 수익을 지급하게 만들 것이냐. 이 두 가지 선택지 중 나의 경우는 부동산을 소유할 바에(물론 그동안 부동산 값은 더 올라 훨씬 긴 기간 돈을 모아야 하겠지만), 기업을 설립하여 매월 3백만 원의 수익을 제공하는 시스템을 만들겠다고 선택했다. 그리고 그 기업이 망하지 않도록 계속 유지하는 것이다. 그럼 이 스타트업의 가치는 별도의 밸류에이션을 하지 않더라도 내게는 10억의 자산과 같은 것이다. 매월 3백만 원의 소득을 가져다주기 때문이다.

이번 챕터로 투자에 더해서, 돈 키우기에 대해서 사장들이 부담을 가지지 않았으면 좋겠다. 투자라고 함은 실질적으로 이게 나한테 백만 원을 가져다줄지, 1억을 가져다줄지 모른다. 그렇기에 돈이 돈을 벌어다 주는, "밸류에이션부터 시작하여 투자까지 이루어지는' 이 프로세스들이 자본주의에서 일어날 수 있는 꽃이자 최상의 아름다운 결과물인 것이다.

하지만 많은 사람들이 투자에 대해서 '오, 쿠팡이 로켓이야! 유니콘이야!'라는 말만 하지 이게 '왜? 어떻게? 나도 유니콘이 될 수 있나?…' 하는 것은 아무도 알려 주지 않는다. 그래서 여기에서는 투자의 가장 기초적인 입문 내용을 담았다. 투자라는 것은 꼭 받아야 되는 건 아니다. 하지만 정확히 무엇인지를 알아야 내가 투자를 받을 것인지, 받지 않을 것인지를 정할 수 있기 때문에 이것을 공부해야 한다. 최소한 투자의 세계를 알아야지만 결론적으로 "투자를 받겠는가?"에 대한 질문에 'Yes(예스)'라고 말할 수 있는지, 'Not Yet(아직)'인지, 'I Don't Need It(필요 없다)'인지 알 수 있다. 그렇기에 투자의 정석은 꼭 알아야 한다. '내가 필요 없어서 투자를 안 받았다'는 결론이 나와야지, 아무것도 모르고서 '투자받고 싶다'는 말만 하고 다니면 그것은 멍청한 짓이다.

● 투자받아도 내 회사를 지키는 법

남의 돈을 받으면 내 회사가 아니고, 을이 된다는 편견이나 관행이 있었다. 워낙 언론과 드라마상에서 극적으로 다루기 때문도 있고, 일부는 '투자자'와 '채권자'의 역할을 구분하지 않아 생기는 과장된 걱정이라 생각한다. 이를 실제로 보유한 기업 주식의 지분율로 내 회사를 지킬 수 있는데, 여기에 사용되는 '매직넘버'는 세 가지가 있다.

1. 회사 주식의 66.7%를 가지고 있다면 이건 누가 봐도 내 회사다. '66.7%'가 있으면 다른 사람들이 다 반대해도 내 의견대로 갈 수가 있다. 이를 어려운 말로 주주총회 특별결의 사항을 통과시킬 수 있다고 한다.

2. 만약 '50%+1주'가 있다면 일반적인 회사의 '경영권을 유지한다'고 표현할 수 있는 수준의 지분율이며, 이는 어려운 말로 보통결의 사항을 통과할 수 있다고 표현한다.

3. 마지막으로 '33.4%'의 지분을 가지고 있으면 다른 대주주가 마음대로 하려고 할 때 막을 수 있는 지분율로서, 이는 단독 출석 시 특별결의 사항을 통과시킬 수 있는 지분이라고 표현한다.

상법상 주주총회는 보통결의가 있고 특별결의가 있는데, 이 둘은 다루는 주제가 다르다. 자세한 주주총회 보통결의와 특별결의 사항이 알고 싶다면 인터넷 검색창에 해당 키워드로 검색하면 충분히 잘 나와 있다. 이를 참고하면 된다. 여기서 중요한 것은 매직넘버를 꼭 기억해야 한다는 것이다!

- 밸류에이션(Valuation, 기업가치평가)의 정의

유니콘 기업이라는 말이 있다. 예를 들어서 쿠팡(Coupang)이나 에어비앤비(AirBnB)와 같이 잘 알려진 스타트업들을 유니콘 기업이라고 하는데, 이것의 정의는 기업의 가치를 1조라고 평가받은 곳들이라고 보면 된다. 매출액이 천억밖에 안 되는데 기업 가치가 어떻게 1조가 나올까? 이 블랙박스를 열어 보면 이 '기업가치평가'의 히스토리가 있다. 이 회사들은 투자제안서를 통해 투자자에게 향후의 사업 운영 계획을 발표한다. 그러면 투자자는 투자제안서상의 내용이 적절한지, 손익계산서의 작성은 적절한지, 기업가치의 할인율은 적절한지를 다 검증하고 나서 "오케이!" 하여 기업가치가 평가되고, 돈(투자금)이 들어오는 것이다.

즉, 투자제안서에서 투자자와 사장 간의 가장 큰 논쟁은 다음과 같다.

1. 예상되는 기업의 수익 기간이 적절한가
2. 재무제표의 내용이 적절한가
3. 전체적인 기업의 할인율을 몇 프로로 할 것인가

이 세 가지가 밸류에이션의 가장 큰 논의 사항이기에 사장은 이를 잘 이해하고 자신의 가치를 꼭 지켜내야 할 것이다.

이 기업가치 평가의 전체적인 원리는 '기술가치평가'와 유사한 방식으로 적용되어 있다. 기업이 가진 기술(특허)에 대해서 "이게 얼마짜리 가치야?"라고 하는 물음을 해소하는 게 기술가치평가이다. 이는 밸류에이션이라고 하는 기업가치평가와도 방법적으로 똑같다. 둘 다 DCF(Discount Cash Flow)라는 절대 가치평가와 PER(Price Earing Ratio)이라는 상대 가치평가 방식을 주로 적용하기 때문이다.

이러한 밸류에이션 기법을 사용함에 있어서 사장이 회계사나 변호사만큼의 적정성을 다루는 법적인 사항들에 대하여 꼭 알아야 하는 것은 아니다. 하지만 밸류에이션의 전체적인 스키마(Schema)가 어떻게 돌아가야 되는지 알고, 어떤 부분을 사장이 목숨을 다해 지켜내야 하는지에 대하여 설명하겠다.

● 밸류에이션, 어떻게 구성되나?

그럼 이제 밸류에이션, 기업가치평가의 구성에 대해 보다 깊게 들어가 보자. 이는 실제로 유가증권시장(KOSPI)이나 코스닥시장(KOSDAQ)에 상장할 때 얼마로 상장시킬 것인지 정하는 공모 가격 형성에도 활용되는 만큼 사람들이 많이 사용한다.

기업가치평가를 하는 방법은 많지만 크게 DCF와 PER 두 가지를 사용하게 된다. 다행히도 이 부분은 인터넷에 많은 정보가 있기에, 여기에서는 사장이 기본적인 것을 이해할 수 있을 정도만 설명하고자 한다.

* DCF를 통한 기업가치평가

DCF를 먼저 살펴보자. DCF는 Discount Cash Flow의 줄임말이다. 기업의 운영을 통해 현금을 창출한 것을 현재의 가치로 환산한다고 이해하면 되는데, 우리말로는 '현금할인법'이라고 표현한다. 역시나 예시로 접근해 보자.

나는 바이오 기업의 사장이다. 아직은 매출이 발생하지 않았지만 1년 뒤인 내년에는 350억을, 이후에는 매년 400억, 450억, 500억을 벌 것으로 예상하고 있다. 물론 이런 수익 기간의 가정은 5년으로 할 수도 있고, 20년으로 할 수도 있고, 영구로 할 수도 있다. 예제에서는 5년을 생각해 보자.

내가 내일 받을 천 원과 오늘 받은 천 원의 가치가 다르다는 것은 누구나 알 수 있듯이, 미래의 수익에 대한 적절한 할인율(Discount Rate)을 적용해야만 한다. 예제에서는 할인율을 10%로 산정하자. 이 경우 1년 뒤 350억은 현재의 318억(350억 ÷ 1.1)과 같고, 2년 뒤 400억은 현재의 330억(400억 ÷ $(1.1)^2$)과 같고, 3년 뒤 450억은 현재의 338억(450억 ÷ $(1.1)^3$) 과 같고, …. 이렇게 현재 가치로 상환하는 것을 수식으로 보면 이는 '영업이익 ÷ $(1+r)^n$'이라고 표현할 수 있다. (r은 할인율, n은 년수)

Year	영업이익	현재가치(NPV, Net Present Value)
1년 뒤	350억 원	→ 현재가치로 환산: 약 318억 원
2년 뒤	400억 원	→ 현재가치로 환산: 약 330억 원
3년 뒤	450억 원	→ 현재가치로 환산: 약 338억 원
4년 뒤	500억 원	→ 현재가치로 환산: 약 341억 원
5년 뒤	550억 원	→ 현재가치로 환산: 약 341억 원
합계	2,250억 원	→ 현재가치로 환산: 합계 1,669억 원

* 할인율(Discount Rate): 10% 계산 기준

자, 그럼 5년 동안의 예상 가능한 영업이익의 총 금액은 2,250억 원이지만, 이를 현재로 환산하면 도합 총 1,669억이다. 이때 이곳을 1,669억의 회사 가치가 있다고 표현한다. 이 회사는 5년 동안 이 계획으로 돈을 벌 것이고, 5년간의 예상 수익을 현재 가치로 환산함으로써 1,669억의 가치가 증명됐기 때문이다. 이 향후의 영업이익을 계산하여 현재화하는 것이 바로 DCF 밸류에이션의 시작이다.

이런 밸류에이션은 투자자와 투자받는 사장의 합의간 이루어진다면 금액이 얼마가 되던 원칙상 자유다. 단, 투자자가 사장과 가족이거나 대주주와 같은 법상의 '특수관계인'이 아닐 경우에 한하여 적용된다.

이후 투자자가 사장이 주장한 손익계산서를 통해 회사의 가치를 전달받았을 때 '사장의 주장은 기업 가치가 1,669억인데 나는 이 자료를 100% 신뢰할 수 없기에, 기업가치를 50% 더 할인해서 835억으로 평가할래!'라고 주장하여 밸류에이션의 2단계인 '전체 할인율'이 적용된다. 전체 할인율이란, 향후 5년간의 손익을 달성하기 위해 투자자가 판단하는 실제 가능성을 수치화한 것이다. 위의 사례에서 50%라는 것은, 투자자가 이 기업 목표에 달성 가능 확률을 50%라고 본다는 것이다. 이를 사장이 동의한다면 최종적으로 '900억 밸류에이션의 회사'가 된다. 이처럼 예상 사업 기간 동안의 기업의 수익을 현재가치로 환산하고, 이를 전체 할인율로 적용하여 투자자와 사장 간의 적절한 논리를 바탕으로 밸류에이션을 정하는 것이, DCF를 활용한 밸류에이션이다.

다음으로는 상대가치평가 방법인 PER을 보자. PER은 'Price Earing Ratio'의 줄임말이다. 내가 운영하는 회사가 만약 여행사인데 현재 영업이익이 30억 정도가 남는다고 해 보자. 하지만 여행사 중에 코스닥에 상장된 회사를 살펴보니 다음과 같은 규칙(!)이 발견되었다. 예를 들어 상장사인 A투어 회사의 시가총액(밸류에이션)이 4백억인데 영업이익이 10억 원이였다. '여기는 영업이익이 10억밖에 안 되는데 밸류에이션은 4백억이군!' 이 차이가 40배이기에, 이를 40배 PER이라고 표현한다. 또 다른 상장사인 B투어 회사를 보니까 시가총액이 2백억인데 영업이익은 5억이다. '그럼 여기도 똑같이 40배구나. 오, 신기하다. 여행업은 A투어도 그렇고 B투어도 그렇고 둘 다 영업이익 대비 시가총액이 40배네.' 그러면 우리도 여행사의 40배 PER을 적용해서, 영업이익 30억 곱하기 PER 기준을 40배, 즉 기업 가치를 1,200억이라고 평가하는 방식이 PER을 활용한 상대가치평가인 것이다.

이후 PER에서도 DCF와 같이 '전체 할인율'이 적용되는 과정이 있다. 투자자가 "하지만 이건 먼 훗날의 얘기잖아. 네가 5년 동안 살아남을 확률도 없고, 너희들이 계속 잘된다는 보장이 있어? 나는 최종적인 기업가치의 할인율을 90% 적용할래, 나는 할인율을 70% 적용할래"라는 식으로 할인율을 적용해 버린다. 즉 협상을 하는 거다. 투자자가 "너희들 밸류에이션 금액이 너무 큰 거 아니야? 이 결과 중 90%는 인정 못해. PER를 통한 밸류에이션 천2백억 중 전체 할인 90%를 반영하여 최종 기업 가치 120억 정도를 기준으로 투자할 거야. 즉, 우리는 밸류에이션을 120억으로 본다. 너희들 내 투자받을래, 말래?" 그럼 투자받는 이 회사의 사장도 고민하고 투자를 받을지, 말지를 결정하게 된다.

이처럼 DCF, PER을 통한 밸류에이션은 구주의 매각 대금 또는 신주투자의 주식발행금액을 결정하는 데 활용된다. 즉, 우리 자본금은 1천만 원인데, 밸류에이션을 20억 원에 인정받았으니, '한 주당 액면가는 5백 원짜리인데 이를 10만 원(200배수)에 매머/발행할 거야!'라는 계산의 근거가 된다.

● 밸류에이션, 어떻게 확정되나?

앞선 표에 다른 예시를 대입하여 아래와 같이 조금 더 확대해 보자. 참고로, 간단하게 소개하기 위해서 할인율의 개념은 제외했다.

우선 1차 연도~5차 연도 매출액을 100~500억이라고 해 보자. 그 다음 매출원가(COGS: cost of goods sold)를 30, 60, 90, 120, 150억 원이라고 하면 매출이익은 70, 140, 210, 280, 350억 원이 된다. 여기서 이제 판매관리비라는 것을 빼 보자. 판매관리비(혹은 판관비)는 월세, 급여, 세금 기타 등으로 매년 50, 100, 150, 200, 250억 원을 뺀다고 했을 때 이를 제하고 남는 게 영업이익이다. 계산해 보면 영업이익은 해마다 20, 40, 60, 80, 100억 원이 남는다. 그럼 산술적으로 이것을 다 더하면 기업 가치가 나오고, 계산 결과는 300억이다.

년도	2020	2021	2022	2023	2024
매출액	100	200	300	400	500
매출원가	30	60	90	120	150
매출이익	70	140	210	280	350
판매관리비	50	100	150	200	250
영업이익	20	40	60	80	100
사장: "5년 동안 영업이익이 총 300억이니, 우리 회사는 300억 가치!"					

경영의 정석에서 배운 대로, 매출액에서 COGS를 뺀 것이 매출이익, 매출이익에서 판매관리비를 뺀 게 영업이익이라고 불린다는 건 모두 알 것이다. 그럼 이제 영업이익의 5년 치를 다 더하면 3백억이 되기에 '우리 회사 가치는 3백억이야!'라고 말하면 된다. '우리 회사 가치는 3백억짜리입니다!' 이게 밸류에이션이다.

여기서 설명하고 싶은 것은, 밸류에이션을 확정하는 과정에서 사장(경영진)과 투자자 간 토론이 어떤 주제를 가지고 있는지에 대한 것이다. 앞서 이야기했지만 총 세 가지의 논쟁거리가 있다.

첫째, 밸류에이션을 계산할 때 사용된 수익 기간에 대한 것이다. 투자자는 "야, 너희들 5개년 치에 대해서 짠 거 맞지? 이 기업이 5년을 존속할 수 있을 거라고 생각해?", "야, 내가 볼 때 너희 회사 3년이면 충분할 것 같은데 왜 5년을 잡아 놔?"라고 주장한다. 사장은 "야, 5년 너무 짧아. 나 10년 봐 줘", 아니면 "7년 봐 줘"라며 밸류에이션 기간을 두고 다툰다. 이 기간이 늘어나면 늘어날수록 기업 가치가 커지기 때문에 투자자는 줄이려고 하고 사장은 늘리려고 한다. 그래서 기간을 협상해야 한다. 즉 투자자와 사장 간의 협상을 통해 매출이 발생할 수 있는 기대 사업 운영 연수에 대한 협의가 가장 1차적인 협상이다.

둘째, 제시된 재무제표가 적절한지를 두고 많이 논쟁한다. 정확히 이는 재무제표 중에서도 손익계산서를 중점으로 다투게 되는데, 손익계산서에서 "야, 너희들 원가를 30% 잡았어. COGS 이거 적절한 거야? 내가 볼 때 너희들 올해만 30%지 내년부터는 더 늘어나야 되는 거 아니야?"라고 투자자가 싸움(?)을 걸어올 수 있다. "야, 너희들 직원을 이때는 7명 뽑는다고 하고 5년 뒤에 13명이 됐어. 하지만 매출액은 거의 백억씩 배로 증가하는데 인원이 이것밖에 안 필요하다고? 인건비가 더 들어가야 되는 거 아니야?" 하며 적정성을 놓고 싸운다. 즉 이 단계에서는 손익계산서의 매출액, 비용 등이 적절한지에 대하여 협상하게 되는 것이다.

셋째, 검증을 마치고 나서 최종 손익계산서가 나오고 난 후라면, 실현 가능성(전체 할인율)을 두고 싸운다. 투자자가 "내가 5년으로 인정해 주고, 재무제표도 적절하다고 인정했어. 하지만 이거 다 소설이잖아. 내가 그걸 어떻게 신뢰해?"라는 것이다. 이 계획을 달성할 확률이 솔직히 몇 %인가? 솔직히 한 30%라면? 그럼 3백억에다가 곱하기 30%, 즉 0.3을 곱해야 한다. 실현 가능성 부분은 몇 년이라는 구간이 없고, 전체를 할인하는 것이다. 그렇게 해서 3백억에 30% 곱한 것을 인정한다면, 그럼 나의 기업 가치를 90억으로 산정하게 된다.

따라서 밸류에이션 확정의 단계에서는 실제 영업 연수와 예상 손익계산서, 즉 사업 계획을 이행할 수 있는 전체 사업의 가능성을 바탕으로 기업의 현재 가치 전체에 대한 할인율을 협상하게 된다.

위와 같은 모든 과정이 투자자와 사장 모두 동의를 할 때, 그때 비로소 기업의 가치가 확정되고 투자가 들어오게 된다.

● 벤처 생태계 파악하기

기업당 투자규모	小 → 中 → 大					
받아 가는 기업수	多 → 中 → 小					
RISK (위험도)	多 → 中 → 小					
기업 성숙도	스타트업 – 중소기업 – 중견기업 – 상장기업					
종류	엔젤투자	시리즈 A투자	시리즈 B투자	시리즈 C투자	pre IPO	IPO
평균 투자금액	5천만 미만	1–2억	2–5억	5–10억	10–30억	30억이상
투자자의 예상수익	1,000% 이상	900%	400%	100%	25%	11%
액면가가 500원인 경우 한 주를 사기 위해 내야 하는 돈:						
신주발행가액	1천원	5천원	1만원	2–3만원	4만원	4.5만원
전문 투자자들	엔젤	엑셀러레이터	Micro VC	VC	VC 컨소시엄	PF (사모펀드)

벤처 생태계를 파악하면 내가 받는 투자의 성격을 알 수 있다. 우선 명심해야 할 것은, 액면가는 변하지 않은 채 기업 가치만 변하는 거니까, 일종의 거품 폭탄(Bubble Bomb) 돌리기라고도 불린다. 최종적인 폭탄 돌리기의 꽃은 기업 공개, 주식상장이라 불리는 IPO(Initial Public Offering)이다. 처음에 엔젤 투자자들에게 엔젤 투자라고 하는 것을 받고 시리즈 A투자, 시리즈 B투자, 시리즈 C투자, pre IPO투자, IPO까지, 폭탄은 계속 넘어간다.

단계별 투자자들이 다 같이 돈을 버는 시점을 IPO라고 한다. 이것은 일반인들에게 주식을 판매하는 것이 가능해져 모든 투자자가 한 번에 투자금을 회수할 때를 말한다.

엔젤 투자의 경우, 투자를 받는 기업이 굉장히 많다. 반면 시리즈가 넘어갈수록 점점 받아 가는 기업 수가 줄어든다. 실제로 100개가 창업하면 IPO 하는 곳은 그개밖에 안 된다. 슬프지만 현실이다. 다들 중간에 성장이 정체되거나 투자 유치를 실패하거나 사업 운영이 어렵기 때문이다.

엔젤 시절의 투자금은 굉장히 작다. 시리즈 A에서 pre IPO로 갈수록 투자금액은 점점 커진다. 마찬가지로 IPO의 성공할 확률을 보면, 성공 확률과 투자 금액은 비례한다. 쉽게 말하면, 엔젤 투자에서는 투자자가 '내가 천만 원 투자할게, 나한테 액면가 5백만 원 어치의 주식 줘'와 같이 낮은 배수로 투자가 들어오게 된다. 이 시기에 정말 좋은 곳에 투자했다면 이 5백만 원이 최종적으로는 5억, 10억이 될 수도 있다. 이처럼 50배, 100배 정도로 부푸는 것, 이것이 엔젤 투자의 세계다.

pre IPO 단계에서는 실제로 내가 30억이라는 돈을 투자하지만 실제로 버는 돈은 33억, 즉 3억'밖에' 못 벌게 된다. 돈의 규모는 크고 수익률은 굉장히 작은 것이다. 금액으로 보자면 엔젤 투자자는 평균적으로 5천만 원 미만의 투자 금액이 들어가게 된다. 시리즈 A는 1억에서 2억 사이, 시리즈 B는 2억에서 5억 사이, 시리즈 C는 5억에서 10억 사이, pre IPO는 10억에서 30억 사이가 들어가게 되며, 이에 따라 각각 예상되는 수익률은 약 10배 이상, 900%, 400%, 100%, 25%, 11% 정도로 예상된다.

후속 투자로 가면 갈수록 투자 금액은 커지는데 수익률은 작아진다. 반면에 초기 투자로 갈수록 투자 금액은 작으나 기대하는 수익률은 커지게 된다. 그렇기에 정부에서는 초기 기업에 대한 투자가 벤처생태계에 굉장히 중요하다고 판단하여 비상장 중소벤처기업에 대한 투자의 경우 다양한 세제 혜택 등의 전폭적인 지원을 제공한다.

정리하자면, 창업을 통해서 사장이 돈을 버는 방법은 두 가지다. 매달 영업이익을 내어 꾸준히 돈을 버는 방법, 아니면 다른 사람에게 기업 가치를 더 높게 평가받아 이러한 향후의 기업가치, 즉 밸류에이션을 통해 주식을 통한 가치를 계속 높여 시세차익을 노리는 방법이다. 이것은 어떻게 보면 자본주의의 꽃이라 할 수 있지만, 어떻게 보면 '폭탄 돌리기'가 될 수도 있기에 그만큼 조심스럽게 다루어야 하는 주제이다.

추가로 더 설명하자면, 각각 섹터에 담당하는, 즉 직업으로 해당 업을 하는 사람들이 있다. 이들은 엔젤 투자자와 밴처 캐피탈리스트(VC)라는 직업으로 불린다. 엔젤의 경우 엔젤이 투자하는 조건과 동일하게 정부에서 2배의 금액을 투자해 주는 매칭 펀드라는 제도도 운영되고 있다. VC에게는 투자 조합 결성을 통해 VC 회사에서 백억을 투자금으로 내면, 정부에서 9백억을 매칭하여 별도의 독립된 펀드를 운영하게 해 준다. 대신 정부에서는 VC에게 4차 산업이라든가 AI 산업을 육성하는 것처럼 해당 목적에 맞는 투자만 가능한 펀드를 만들어, 펀드에서 자금이 흐를 수 있도록 주도한다. 또한 이 엔젤과 VC 사이에 공백이던 부분에 대하여 정부에서는 엑셀러레이터의 활동을 권장하고 있다.

기존의 우리나라에서는 엑셀러레이터라는 제도 없이, 자금 조달 분야에 엔젤, VC만 있었다. 그리고 엔젤은 개인, VC는 법인만 있었다. 그러다 엑셀러레이터라는 분야가 외국에서 시작되어 최근 새롭게 추가되었고, 개인뿐이던 엔젤 분야에서 '법인형 엔젤'도 새롭게 인정해 주기 시작했다.

현재 법에서는 엑셀러레이터에 대한 정의를 자본금 1억 이상, 전문인력 2인이라는 진입 조건을 두고 법인만 엑셀러레이터가 될 수 있도록 하고 있다. 해당 법규에서는 엑셀러레이터의 우리말 표현을 '창업기획자'로 두고 있는데, 필자는 이 부분에 대하여 동의하지 않는다. 법인만이 엑셀러레이터로 인정받는 현재에서는 '창업기획자'보다는 '창업기획사'가 좀 더 맞는 표현이 아닐까 싶다.

필자의 견해로는 근 일 내에 정부에서 엑셀러레이터도 법인뿐만 아니라 개인도 가능하다는 판단을 내려, 조만간 '창업기획사'와 '창업기획자'가 분리되지 않을까 예측한다. 그리고 '개인형 엑셀러레이터'가 진정한 창업기획자의 역할을 수행하게 될 거라 기대한다. 자세한 내용은 뒤에, 창업기획자의 세계를 통해 더 알아보도록 하자.

투자의 정석을 마치며

우리는 투자의 정석 챕터를 통해 기업에 돈이 들어오는 방식은 매출, 투자, 대출 세 가지 종류가 있음을 알게 되었다. 특히 투자와 대출의 차이와 언제, 어떤 방법을 선택해야 하는지에 대하여 알아보았다. 더 나아가 주식회사의 기본적인 구조와 기업가치평가 방법을 학습하여 투자자와 사장 간의 어떤 부분에 대하여 조율해야 하는지를 배웠다. 또 비상장 주식 투자자들이 주식으로 어떻게 돈을 버는지에 대하여 전체적인 그림을 그려 봄으로써 스타트업 투자에 대한 개괄을 학습하였다.

MEMO

사장의 정석

다섯 번째 정석
영업의 정석

사장에게 고객이란?
고객, 니즈, 사업, 그리고 성공!
변하는 고객의 마음
영업의 정석을 마치며

사장의 정석
【다섯 번째 정석: 영업의 정석】

　회사에서 작성하는 손익계산서에 가장 처음으로 작성하는 것은 매출액이다. 그만큼 사업에서 있어서 가장 근간이 되며, 중요한 지표가 매출액이라는 형태로 표현되는데, 과연 매출액이란 무엇일까?

　매출액은, 고객이 나한테 지불한 대가라고 할 수 있다. 회사가 고객한테 무엇을 줄 수 있을까? 기업은 재화나 용역, 서비스를 고객에게 제공할 것이고, 거기에 대한 대가로 고객이 지불하는 것이 매출액이다. 바로 그 매출액을 기준으로 우리 회사가 건강한지, 적절한지, 직원이 많은지 등 모든 것을 평가하는 기준이 된다. 따라서 사업에 있어서는 고객이 8할이다.

　그럼에도 이 챕터의 이름을 고객의 정석이 아닌 '영업의 정석'이라고 적은 이유가 있다. 고객은 지금 당장 나에게 돈을 주고 있는 사람 그 자체이다. 그 고객들을 하나의 집단으로 간주하고 그 사람들이 있는 곳에 찾아가서 그들이 문제는 없는지, 충분히 만족감을 느끼는지 확인하는 행위는 모두 영업에 들어가기 때문이다. 따라서 고객의 정석이라고 해도 논리적 타당성이 있겠지만 고객의 정석은 알 필요가 없다. 고객은 계속 바뀌기 때문이다. 즉, 사장이 알아야 하는 '영업의 정석'이란 "하나. 고객이 있는 곳에 찾아가 둘.그들의 문제가 무엇인지 분석하고 진단하여 셋. 어떻게 문제 해결 방법을 제시할 것인가" 라 할수 있다.

사장에게 고객이란?

자금 측면에서 보면 회사에 돈을 넣어 주는 것은 주주와 같은 투자자, 은행과 같은 채권자, 마지막으로 고객이 있다. 앞에서 이야기한 것처럼 투자자나 채권자는 자금 조달, 투자 분야와 관련이 있다.

앞서 투자의 정석에서도 이야기했지만, 투자자는 기업 가치(밸류에이션)에 따라서 자금을 투자하고 배당 또는 시세 차익의 형태로 돈을 벌게 된다. 이와 달리 은행과 채권자들은 돈을 빌려주고 이자를 받는다. 이것은 100% 확실한 돈이다. 이들은 리스크가 적은 대신에 확실하게 돈을 먼저 받는다. 은행과 채권자의 리스크가 적은 이유는? 회사가 망했을 때 회사가 가진 자산에서 빌린 돈, 즉 채무를 먼저 갚기 때문이다. 그 다음 남은 것 중에서 주주들이 비율대로 나누어 가지게 된다. 때문에 채권자들은 비교적 즉후, 투자자보다 안전하게 돈을 회수할 수 있다.

회사에 돈을 넣어 주는 사람 중 투자자와 채권자를 제외하면 누가 남는가? 고객이 유일하다. 그렇기에 고객은 너무도 중요하다. 최근 스타트업이 잘못 생각하고 있는 부분 중 하나는, 선 투자를 받고 이후에 매출을 끌어올리는 방식을 통해 비즈니스를 구상하는 것이다. 하지만 이 순서는 잘못되었다. 우선 초기 자본금과 같이 적은 예산으로 사업성을 검토하며 매출을 검증하고, 이후 신용보증기금, 기술보증기금 등의 대출을 통해 고도화된 매출 검증을 진행한 이후 투자를 받는 게 가장 정석의 방법이라 할 수 있다.

유명세를 타다가 한순간에 고꾸라지는 스타트업을 본 적 있는가? 이는 사장이 투자자와 채권자를 통해서 계속해서 돈을 끌어오면서 해당 자금으로 광고를 집행하면 고객이 모여들 것이라는 안일한 생각으로 사업을 무리하게 확장하는 경우이다. 기업의 가치가 커지니까 돈을 계속 끌어올 수 있지만, 고객이 외면하는 순간 회사는 망한다. 특히 투자를 많이 받을수록 사장은 자만하게 되어 고객과 멀어질 수 있다. 그렇기 때문에 사장이 늘 최우선으로 염두에 두어야 할 것은 투자자, 주주가 아니라 고객이다. 회사에 돈을 넣어 주는 사람 중 회사의 규모, 기업가치 등을 고려하지 않고 순수하게 내 제품과 서비스를 바라보고 구매해 주는 이가 바로 고객이다. 내가 고객에게 많이 팔았다고 해서 내 지분율이 낮아진다거나 은행 이자율이 올라가지는 않는다. 그러니까 회사가 생존할 수 있는 최대의 목표이자 지표는 결국 고객이다.

- 신생 회사에게 고객이란?

고객한테 줄 수 있는 것은 두 개밖에 없다. 제품 그리고 서비스. 이 외에는 아무것도 없다. 이에 대한 반대급부로 기업은 돈이라는 것을 받는다. 고객을 설명할 때는 이 둘, 기업이 주는 것과 받는 것에 대하여 나누어서 생각해야 한다. 고객이란 결국 영업을 해야 하는 대상이자 마케팅, 제품 개발을 해야 하는 대상이다. 그래서 우리 회사의 모든 기준과 예민한 지표들은 전부 고객을 향해 있어야 한다.

우선 사장에게는 고객을 발굴하는 방법이 필요하다. 왜냐면 신생 회사는 아무것도 없기 때문에 고객을 직접 찾아야 한다! 고객을 찾는다는 게 누구를 대상으로 물건을 팔 거냐는 관점인데, 고객에게 접근하는 것에는 두 가지 방법이 있다.

하나는 고객의 불편함에서 시작한다. 기업이 고객에게 '당신의 불편함을 해결해 줄게요. -50에서 0으로 만들어 드리겠습니다!'라고 하는 방법이 있으며, 또 다른 하나는 '제가 당신에게 가치를 드리겠습니다. 지금 10인 것을 50이 되게 만들어 드리겠습니다!'라는 두 가지 방법이 있다.

직접적인 사례로는 '고객님, 족저근막염이 있으시죠? 일반 신발은 불편하시겠네요! 우리 신발은 족저근막염 환자를 위한 것이기 때문에 고객님이 신으면 굉장히 편해집니다!'라고 말하던가, '고객님 핸드폰에 글쓰는 것이 어렵죠? 우리는 핸드폰과 연동되는 블루투스로 만든 키보

드가 있습니다. 핸드폰에 연결만 하시면 굉장히 편해지실 거예요!'라고 '불편함을 해소해 주는 비즈니스'가 있고, '왜 신발주머니를 일반 메이커로 들고 다니시나요? 저희 것을 써 보세요! 그럼 더 쿨해질 거고, 사람들이 당신을 보는 관점도 달라질 겁니다!'라고 하는, '가치를 높이는 비즈니스'가 있다. 즉 기업이 제공할 수 있는 가치는 이렇게 불편함을 해소시켜 주거나 가치를 더 주거나, 이 두 가지 중 하나이다.

후자의 비즈니스는 더 돋보이고 가치 있게 만들어 주지만 상대적으로 어렵다. 그러다 보니 이 비즈니스는 주로 대기업에서 많이 한다. 브랜드에 따라 고객이 편익을 더 많이 느끼기 때문이다. 예를 들어 세탁기가 기본 기능만 되는 것은 50만 원인데 여기 추가적인 기능과 디자인까지 더 넣으면 비싸게 팔린다. 자동차도 B사의 자동차가 3시리즈에서 5시리즈로 올라가면서 제공되는 옵션이 다르다. 이 역시 사람들로 하여금 옵션에 따라 사람들의 가치가 올라가고, 이것들이 결국 소비자의 편익을 올리는 요소가 된다.

이처럼 고객이 이 상품을 통해 느끼게 되는 가치를 10에서 50으로 만드는 과정은 끊임없이 설명이 필요한 부분이다. 고객들에게 이것들을 쓰게 되면 사회적으로, 기능적으로 더 좋아질 거라고 설득해야 한다. 이것은 상대적으로 어려운 비즈니스라 할 수 있으며, 그렇기에 대기업과 유명 브랜드들이 주로 선택하는 시장이라 할 수 있다.

그래서 많은 스타트업들은 불편함을 해결하겠다고 세상에 나온다. 이 '불편함'이 있는 시장은 니즈가 많기 때문에 이 불편함을 해소해 주기만 하면 성공할 수 있는 비즈니스 모델이 된다. 여기서 또 재미있는 것은, 고객들이 불편함을 인지한 시장이 있고, 아예 인지조차 못한 시장이 있다. 불편했던 사항이 해소되는 순간, 고객은 지불 의사(Willing to Pay)가 생긴다. 그래서 이런 불편함을 해소하는 데는 기꺼이 돈을 낸다. 그리고 심지어 30만큼 불편했던 것(-30)을 별도의 +가 아닌 제로(0)까지만 만들어 주어도 고객은 기꺼이 돈을 낸다. 더 이상 불편하지 않기 때문이다.

이처럼 아직 확정되지 않은 고객들의 나이, 성별, 지역, 재산, 성격 등 세분화된 가정을 세우는 활동을 고객 페르소나(Persona)라고 부른다. 페르소나란 가면이라는 뜻으로, 사업의 아이템을 사용할 만한 사용자 유형에 대한 상세한 게시이다. 이것을 통해 이들의 불편함과 필요에 대한 사항들을 고민하고 집단화하여 이들의 특성을 분석한 뒤, 이를 해결할 솔루션을 사업의 아이템으로 삼게 되는 것이다.

사장이 책상에서 할 수 있는 일은, 고객 가설과 페르소나 작성까지이다. 이후 실제 고객을 찾아가서 해당 가설과 페르소나 간의 일치도와 사업의 아이템이 정말 해당 문제를 해결할 수 있는지에 대한 사용자의 의견을 구하는 활동은 모두 필드에서 이루어지는 활동이다. 모든 정답은 현장에 있다. 가설 설정과 실제 고객의 반응 조사가 세밀해질수록 우리 아이템의 성공 가능성이 높아진다는 것을 사장이 꼭 염두에 두어야 한다. 이제 고객과 니즈, 이를 실제 사업화하여 성공에 이르는 과정에 대하여 알아보자.

고객, 니즈, 사업, 그리고 성공!

• 니즈를 발굴한다는 것은?

사장의 관점이 아닌 고객의 관점에서, 고객이 정말 궁금해하는 게 뭔지를 생각해 보아야 한다. 일반적인 사장은 '우리 회사는 이런 것들을 합니다!'라는 점에 대해서는 세상 누구보다 잘 알고 설명할 수 있다. 하지만 역으로 고객들이 궁금해하는 게 과연 무엇일지 깊게 생각해 보지 못한다.

한 예로 내가 엑셀러레이팅을 하는 회사 중 카센터가 있다. '우리 회사가 국내 최저가니까 사람들이 이것만 봐도 달려들며 올 거야'라고 생각했지만 실제로는 사람들이 많이 오지 않았다. 고객들이 '왜 안 오지?'라고 고민만 하는 것이 아니라 용기 내어 고객들한테 직접 물어봤다. 먼저, 어떻게 우리를 알고 왔는지부터 물어보았다. 최저가라는 문구를 보긴 봤는데 최저가라고 하니 사실 오히려 더 신뢰가 가지 않았다는 얘기도 있었다. 그들이 무엇보다 궁금해했던 것은 실제 가격이기도 했지만, 고장의 원인과 해당 고장이 왜 반복적으로 일어나는지, 고치면 개선이 되는지의 여부였다. 하지만 그런 사항에 관해서는 어느 카센터도 먼저 말해 주지 않는다고 대답해 주었기에 고객들의 니즈를 다시 발견할 수 있었다.

이런 과정을 거쳐서 이 카센터는 아예 고객들에게 보이는 메뉴판을 바꿨다. 엔진오일을 왜 갈아야 되는지부터, 자동차가 고장 나는 원인, 교체해야 되는 이유, 교체하는 데 걸리는 시간, 교체한 뒤 얼마 동안 탄이후에 또 교체해야 하는지, 그 다음에 마지막으로 금액을 표기했다. 이를 통해 기존에는 메뉴판이 1장짜리였다면 지금은 20장짜리로 바뀌게 되었다. 자세한 진단 내용을 포함시킨 이후, 소비자들이 우선 굉장히 좋아했다. 이런 식의 "메뉴판"을 가진 곳이 여기밖에 없다고 하면서 사람들이 사진을 찍어 가기 시작했다. 여기에서의 교훈, 고객이 정말 궁금해하는 것이 무엇인지 고민해 보자. 단순하게 금액이 나와 있는 메뉴판이 아니라 고객들이 정말 궁금해하는 것에 대해 해당 서비스와 정보를 같이 제공하니 소비자 만족도가 굉장히 높아지게 되었다.

고객에게 실제로 제공하는 것은 엔진오일을 교체하는 서비스이다. 하지만 이 사람들한테는 자동차에 대해서 겁을 먹지 않도록 정보를 제공해 주는 게 우리 회사가 가져가야 되는 큰 아이템 중 하나라는 것을 깨달았고, 그 일을 실행했더니 긍정적인 반응으로 돌아왔다. 고객이 궁금한 게 뭘까? 어떻게 채워 줄 수 있을까? 사장은 계속 고민해야 한다.

고객의 니즈를 알아보는 데는 여러 가지 툴이 있지만 가장 쉽고 중요한 방법은, 사장 스스로가 고객으로 빙의하면 된다. '내가 고객이라면 무슨 질문을 할까? 내가 고객이었다면 어떤 궁금증이 있을까?'라는 부분을 주로 봐야 한다. 우리의 주된 사업은 고객의 불편함을 줄여 주는 비즈니스가 대부분이기에, '내가 고객이었을 때 어떤 불편함을 느꼈는가? 내 주변 사람들은 어떤 불편함을 느꼈는가?'에 대하여 심도 있게 고민하는 것이 고객의 니즈를 발견하는 첫걸음이다.

- **고객에게 무엇을 제공할까?**

우리가 영업을 하려면 '누구한테', 다음으로 '무엇을 줄 건데?'라는 질문이다. 누구한테 어떤 가치(Value)를 줄 것이냐. 이것을 파악하고 알맞게 제공해 주는 것이 영업이라고 할 수 있다.

하지만 고객은 무엇을 원하는지(Wants) 모른다. 대신 고객은 뭐가 불편한지(Inconvenience) 알고 있는 사람들이다. 그래서 '이것을 내가 어떻게 해결해 줄까?'까지가 사무실 테이블에 앉아서 해야 될 일이고, 그 다음에는 실제로 이 이후에 해결하기 위한 현장을 동반한 개발 과정을 실행해야 된다. MVP(Minimum Viable Product)를 검증하고 시스템화를 만드는 일이다. 그래서 필자는 사장들에게 사무실 테이블에 오래 앉아 있으라고 말하지 않는다.(MVP는 다음장에 설명)

심지어 이 책을 읽고 있는 사장들에게도 앉아서 공부하고 학습하는 시간은 이 정도면 충분하니, 고객이 있는 현장에 나가라고 달하고 싶다. 단지 테이블에서 일어날 수 있는 일은 빠른 가설 설정뿐이다. 가설 설정 이후 실행, 피드백, 개선의 4단계를 거치고 이 아이템을 접든지, 발전시키든지 택일을 하야 한다. 필자는 사장들에게 사업 아이템 접는 것을 두려워하거나 피하지 말라고 얘기한다.

실제로 고객이 누구인지 알게 된다는 것은 이제 기회를 발견하는 시점이다. 한 예를 들자면, 대학교 연극영화과 4학년에 재학 중인 학생은 공연을 올리는 절차에 대한 불편함을 가지고 있었다. 우선, 연극을 할 때 들어가는 초기 비용이 생각보다 크다. 초기 비용으로 무대를 세팅하는 것뿐만 아니라 무대 보증금부터, 내부 배경, 그리고 음악을 세팅하고 대본을 쓰는 것들이 모두 고정비라는 이름으로 들어간다. 실제로 공연을 하다 보면 발생하게 되는 배우 출연료, 전기세 등 운영비까지 계산하면 공연을 준비하는 과정은 금전적으로 굉장히 어렵다고 호소했다. 이 공연을 여는 입장에서는, 나의 무대가 질적으로 훌륭하고 좋은 연극이라고 말하는 것은 자신 있는데 결국 공연이 성공적으로 될지에 대해선 잘 모르겠고, 이런 고정비를 어떻게 마련해야 하는지도 어려워한다. 결국 총체적으로 '물음표'인 것이다. 하지만 이런 것들에 있어서 물음표가 발생한다는 것은 역으로 보면 기회다. 내가 있는 업에서 어떤 문제가 있는지 발견하는 것은 사업의 기회를 창출하는 좋은 과정이다.

이 학생에게 내가 제안한 것은, 티켓을 먼저 구매하는 개념을 활용하여 이 프로젝트를 운영하는 후원자들을 모으자! 그리고 참여했던 후원자들한테 연극 티켓을 3장이든, 10장이든 혜택을 주고, 이 사람들이 주변 사람들과 같이 와서 연극을 볼 수 있게 해 주자는 것이었다. 여기에 더해서 운영을 끝낸 다음에 남은 성과에 대해서는 이 후원자들한테도 금전적인 보상이 돌아갈 수 있도록 리워드를 주는 프로젝트를 설계해 볼 수 있겠다고 제안하였고, 이는 하나의 플랫폼으로 현재 개발 중인 상태이다.

이처럼 사업을 구상할 수 있는 아이디어는 참 많다. 이런 단순한 물음표에서 프로젝트로 운영할 수 있는 하나의 플랫폼을 만드는 비즈니스로 발전할 수도 있다. 현업의 사장들과 창업기획자들이 하고 있는 일이 바로, 이런 고객과 사업을 구상하는 일이다. 일상에서 기회를 발견하고, 이것들을 하나의 비즈니스화 시켜 볼까 하는 호기심이 사업 아이템 선정 과정에서 필요하다. 요약하자면, 필자는 고객들이 누구냐는 질문에, 시장에서 어떤 기회를 발견하는 과정에서 만나는 대상이라고 대답할 것이다. 그래서 다양한 직업을 가진 사람들, 다양한 환경에 있는 사람들과 많은 이야기를 하는 게 중요하다.

이 과정을 통해 '저 사람은 이런 불편함이 있구나. 저 사람이 많은 시간을 이쪽에다 몰두하는구나. 어떻게 하면 저것을 줄일 수 있지?' 하는 물음표에서 '이런 것들을 바꿀 수 있겠다'고 하는 느낌표를 만들어 내는 과정이 바로 영업의 시작이다.

나아가, '어떤 것을 줄지'에 대해서는 MVP 검증이라는 과정을 거쳐야 한다. 'Minimum Viable Product'라고 해서 가장 최소한의 가치간 들어 있는 제품을 제시하고, 실제 고객이 원하는 것과 일치하는지 검증하는 것이다. 예를 들어, 실제 위의 사례에서 나가 최종적으로 원하는 것은 플랫폼인데, 현재 내가 지금 만들 수 있는 것은 홈페이지 하나밖에 없다면? 전혀 문제 없다! 우선은 그 홈페이지 하나를 만들어서 사람들한테 보여 주는 것이다. 이 홈페이지에 와서 응원하고 싶은 공연이 있으면 펀딩을 해 달라. 그럼 실제로 공연 티켓도 리워드로 받을 수 있고, 이게 잘되면 당신한테 수익도 간다고 설명해 보자. 홈페이지를 하나 만들어서 생각보다 잘되면 이후에 이것들을 시스템적으로 확장시키는 단계로 구축할 수 있다.

일례로 캐시노트라는 앱이 있다. 자영업자들은 카드가 긁히면 2~3일 뒤에 카드 수수료를 뗀 돈이 들어온다. 그럼 자영업자들은 과연 얼마의 돈이 입금될지 궁금해진다. 내일은 돈이 얼마 들어올지, 모레는 얼마 들어올지. 그래서 캐시노트는 이런 서비스를 만들었다. 그것도 무료로 말이다. 그러그는 모두 수작업 서비스로 제공했다. 직원이 직접 로그인하고 수수료를 다 확인해서 그것을 카톡으로 보내 줬다. "사장님, 내일 들어올 돈은 48만 3천 원입니다. 카드 수수료가 이렇게 해서 떼입니다." 이와 같은 과정으로 가입자가 4만 명이 될 때까지 해당 아이템의 검증을 진행했다고 한다.

그러고 나서 사업성의 전망이 보이자, 사용하는 사람들에게 얼마를 낼 건지 물어봤는데, 오천 원이라고 했다. '아하, 그럼 유저가 4만 명이니까 매월 2억 원은 벌겠다'라는 계산으로 시스템을 만들자고 생각했다. 그래서 이때부터 전자동 시스템이 되었지, 그 전까지는 사람이 직접 수기로 다 적었다는 것이다. 개인적으로 정말 이 과정이야말로 MVP를 만들고 실현하는 영업 과정의 정석이라 생각했다. 물론 현재 캐시노트는 고급형과 기본형으로 나누어 고급형은 4,900원에 부가세 별도로, 기본형은 무료로 서비스를 제공하고 있다.

요약하면, 중요한 것은 누구를 대상으로 할지가 영업의 시작이며, 그 다음에 무엇을 줄 것인지와 그것들을 검증하고 시스템화시키는 것까지가 영업의 숙제다. 그렇기에 영업에 대하여 이야기를 하자면, 사장은 사장의 역할을 충실히 수행하면서도 고객으로부터 현장감을 잃지 않아야 한다.

- **현장에 나가기, 고객의 유형 생각하기**

우리가 현장에 나간다 할지라도 고객의 분류가 정말 많다. 간혹 진상 고객도 있을 수 있다. 이 모든 과정을 처음에 사장이라는 사람이 겪고, 이후 분류화 과정을 통해 시스템을 설립할 수 있다.

사장이 현장에 나가 고객을 만나게 된다면 고객을 분류하는 습관을 길러야 한다. 아, 이런 사람들은 A그룹에 분류하고, 그럼 이 A그룹에게는 SMS 방식으로 콘택트가 이루어져야 한다. O 분류의 사람은 C그룹에 분류하고 DM을 보내는 것처럼 주 1회 SMS를 보내는 그룹, 오프라인 모임을 해 줘야 할 그룹 등으로 고객들을 분류해야 한다.

다만, A부터 Z까지의 고객들은 1차적으로 사장이 겪어 봐야 된다. 정말 사장이 직접 겪어 봐라. 그래서 더 이상의 유형이 나오지 않는다면 제대로 분류한 것이다. 이런 경험과 분류들을 통해서 '아 내가 진짜 이 정도면 고객들을 다 만나 본 것 같다'고 한다면, 이것을 이제 그룹화 시키고 각각의 매뉴얼을 만들어서, 이 사람들은 어떻게 응대해야겠다는 것까지 만들어 두는 게 사장의 역할이다. 그 다음부터는 파트별로 책임자를 두고, 각 고객은 어떻게 분류하고 분류된 고객은 이렇게 관리해야 한다고 하는 역할을 수행할 수 있게끔 만들어 주면 된다. 이를 통해 최종적으로 사장은 수치화된 데이터만 관리하고, 직원들이 고객을 상담 및 분류하는 과정을 담당하면 된다.

반면, 고객을 분류하는 초기 작업부터 직원들에게 시키면 직원들은 너무나도 하나하나 최선을 다해서 처리한다. 이것이 인건비를 늘리게 되는 요인이 될 수 있다. 그렇기 때문에 사장은 효율화 차원에서도 고객들을 더 넓은 관점에서 분류(Classification)해야 한다. 이것은 사장만 할 수 있으며, 사장이 처음에는 다 겪어 봐야 하는 것이다.

또한 사장은 필드에 나가는 것을 절대로 두려워하지 말아야 한다. 필드에 있는 순간은, 긴 사업의 관점에서 찰나에 불과하다. 물론 필드에 나가 고객들과 응대하는 그 무대에 올라가는 건 당연히 어렵고 겁날 수밖에 없다. 고객들이 화를 내면 어떡하지? 싫어하면 어떡하지? 내가 필요 없다고 하면 어떡하지? 하지만 이런 것들을 이겨내고 현장에 올라가야만 한다. 무대에 올라가서 만나 보고, 만나는 이 순간을 통해 고객으로부터 충분히 배울 수 있다. 또한 사장은 매 순간 업무를 처리하고 수행하는 것이 아니라, 이런 것들을 어떻게 시스템화할 수 있을지에 대한 관점으로 임해야 한다. 만약 고객을 일적으로 대하고 여기서 기쁨을 느껴서 더 이상 발전하지 않거나, 시스템화를 하지 않고, 업무 지시를 하지 않는 경우를 생각해 보자. 이런 사장은 여기에 최적화되어서 단순히 이곳을 운영하는, 현장을 지키는 영업팀장이 되고 만다.

사장은 필드에서 경험하는 그 순간을 충분히 즐겨야 된다. 물론 때로는 길어질 수도 있다. 긴 경우에는 1년도 간다. 1년 동안 고객만 분석할 수도 있다. 최종적으로 사장이 고객을 가장 잘 아는 사람이 되어서 언젠가는 매뉴얼화(Manualization)를 하는 데 성공하고, 해당 직원이 그 일을 할 수 있도록 자리를 마련하고 사장인 난 빠져야겠다는 생각으로 덤벼 보자. 언제까지 분류화와 매뉴얼화만을 할 수는 없다. 물론 이 일이 너무나도 즐거워서 평생 하고 싶다면 내가 영업팀장을 하고 사장을 따로 데려오는 것도 방법이 될 수는 있다. 그러나 우리 사장님은 언제나 자신의 몸값을 고려하여 업무를 해야 한다는 것은 잊지 말아야 할 숙제이다.

一   변하는 고객의 마음

고객을 만나는 것은 무서운 일이다. 냉정한 평가를 받으러 매장에 나가는 마음이란! 그러나 명심 또 명심하자, 변덕스러운 고객들이 우리 사업을 유지 및 번창시키는 주인이라는 것을!

시장이 변한다는 말도 있다. 전에는 과일주스가 많이 팔렸는데 이젠 사람들이 과일주스에 과도한 설탕이 몸에 안 좋다고 인식하게 돼서 시장 자체가 작아지고 있다. 시장이 줄어들면 그 시장에서 빨리 도망가는 것이 상책이다. 시장이 점점 작아지거나 없어진다고 하면 이 시장에서는 피버팅(Pivoting)이라는 게 필요하다. 과일주스 매장이었다면 과일주스를 야채주스 사업으로 변화한다거나 아예 브랜드의 아이덴티티와 아이템을 바꾸는 것처럼 사업을 전환할 수 있다.

고객이 변하는 요인은 다종다양하다. 나이를 먹음에 따라서도 변하는 것이 고객이다. 고객이 변한다는 사실에 대해서는 우리 사장은 너그럽게 받아들일 필요가 있다. 고객이 변하는 것은 너그럽게 이해를 하되, 이게 고객이 바뀌는 것인지 시장이 바뀌는 것인지는 기민하게 봐야 한다. 고객이 변한다고 하면 이에 따라 우리가 어떠한 의사 결정을 내려야 한다는 것을 의미한다. 20대를 타깃으로 했고 마니아층이 있었지만 이들이 30대가 된다면? 30대 전용의 뭔가를 새로 만들 수도 있고, 이 고객들을 놓칠 수도 있게 되는 것이다. 선택과 집중의 문제일 뿐이다.

● **고객 데이터의 활용**

영업의 결과인 고객 데이터는 회사의 소중한 자산이다. 실례를 들어 이 고객 데이터를 어떻게 활용하는지 그림을 그려 보고자 한다. 앞서 불편함을 편하게 만드는 비즈니스를 스타트업이 많이 한다고 했는데, 대표적인 것이 노인 산업이다. 노인들은 노화로 인해 보는 것, 먹는 것, 입는 것, 씻는 것 등이 모두 불편하다. 이런 불편함을 어떻게든 정상 범위 혹은 젊었을 때처럼 만들어 주면 이들은 굉장히 만족한다. 한 예로 보청기 사업이 있다. 난청은 달팽이관이 노화되어서 소리가 큰 자극에서만 반응을 하는데, 외부의 소리를 키워 달팽이관을 자극시켜 주는 장치가 바로 보청기이다.

보청기 사업으로 영업을 하다 보면 고객 DB(Database)가 계속 쌓인다. 이 DB를 가지고 불편함이 많은 고객을 대상으로 새로운 무엇을 할 수 있을까 고민했다. 그 결과 노인 재가 사업 아이템이 도출되었다. 노인 재가 서비스는 직장인들이 건강보험료 외에 노인 장기 요양 보험료라는 것을 지불하여 마련된 재원으로, 몸이 불편한 어르신들 집에 요양보호사를 파견해 주는 사업이다. 이에 노인 재가 사업 중에서 시작한 지 얼마 안 됐지만 가장 우수하게 성장한 기업을 인수하여 한 회사에서 같이 운영하도록 했다. 보청기 고객 DB 중에 몸이 불편하신 분들께 노인 재가 관련 서비스까지도 안내해 줄 수 있다. 반대로 노인 재가 센터가 전국에 100개 정도 있으니 이곳의 어르신들께 다시 또 보청기로 안내하여 구매하실 수 있도록 새로운 신규 시장의 진출을 도모한 것이다.

실제로 이런 사업들이 많다. 대기업에서도 기술어서는 연관이 없지만 '집으로 방문하는 서비스'라는 점에서 공통점이 있는 정수기와 비데를 같이 사업하는 것도 마찬가지 이유이다.

앞서 고객은 나한테 제품이나 서비스를 사고 돈을 지불하는 사람이라고 표현했다. 단순하게 물건만 거래하고 끝나면 1차적인 관계밖에 안 된다. 2차적으로는 그 고객이 어떠한 고객인지 파악하고 최대한 정보를 모으는 것이 좋다. 이컨대 고객이 생일 정보를 주면 적립금 500원을 쌓아 주는 것처럼 고객을 최대한 많이 알수록 사업이 유리해진다. 이 고객 DB를 바탕으로 두 번째 사업을 준비하거나 향후 M&A를 할 때에도 큰 도움이 된다. 그렇기에 항상 고객과의 접촉을 유지하면서 고객이 어떠한 고객인지 알려고 노력하는, 그리고 파악할 수 있는 인프라망을 가지고 있는 것은 이 기업에게 굉장히 큰 기회가 된다.

고객 데이터는 모아 두기만 하는 것이 아니라 분석해 나가야 한다. 고객이 모여서 시장이 된다고 했지만, 이들도 점점 바뀐다. 고객의 이러한 구성들을 보면서 트렌드 변화를 직감해야 한다. 숫자로 봤을 때는 매출이 5백만 원에서 8백만 원, 천3백만 원으로 늘어나면 기쁜 일이나, 실제로 이게 좋아할 일인지, 아닌지에 대해서는 매출 구성의 내용을 열어 봐야 알 수 있다. 만약 화장품 스타트업이 자신들의 아이덴티티를 '우리는 20대 젊은 여성을 위한 아이템'으로 포지셔닝 하였는데, 실제 구매 비율을 보니까 점점 10대들이 늘어나고 있을 수 있다. 이렇게 되면 이 비즈니스에서는 '10대 브랜드'라는 인식으로 20대가 외면할 수도 있다. 실제 이런 일이 발생하는 이유는, 기업이 고객의 타깃층을 20대로 설정해 두었는데, 10대들이 어른스러워 보이고 싶어서 20대 화장품을 쓰는 트렌드가 내재해 있을 수 있다. 이렇듯, 고객 분석이 없는 상태에서 10대들의 구매율이 올라가게 되면, 20대 브랜드 시장에서 결론적으로 외면을 받을 수 있다. 10대가 20대로, 20대가 30대가 되더라도 계속 유지하면서 동시에 20대를 잡을 것인지, 아니면 가차 없이 우리는 20대한테 맞췄기 때문에 이 고객들은 더 이상 우리 고객이 아니라고 주장하며 20대만 계속해서 가져갈 것인지 고민해야 한다.

DB가 구축된다면 좋겠지만 작은 회사라 여건이 안 된다면? 영업 사원의 목소리를 들어 보면 된다. 현장의 목소리를 들으라는 것이다. 실제로 어떻게 팔리는지 보고 영업 사원과 많은 대화를 나눠라. 나아가 사장이 현장의 소리를 직접 들어라. 다만 영업 사원은 월급쟁이이므로 100% 의존하면 안 된다. 즉, 문제가 있어도 없다고 보고할 확률이 굉장히 크다. 문제가 있다고 하면 자신이 일을 못하는 게 될 수도 있기 때문이다. 영업의 현장에서 직접 일어나는 일을 보는 것과 영업 사원을 통해 듣는 일은 다를 수 있다! 그리고 사장이 이 현장의 소리에서 멀어지게 되는 순간 기업의 내일 매출이 줄어든다.

고객 DB를 어떻게 만들까? DB를 만드는 가장 좋은 방법은 멤버십이다. 멤버십 카드를 만들어서 당신 구매 금액의 5%를 적립해 주는 것이다. 이것 자체가 고객 이탈을 막아 주기 때문이다. 요즘에는 멤버십을 시작하는 방법이 쉬워졌다. 카카오톡에서도 적립이 가능하기 때문에 고객한테도 부담이 없다. 따라서 요즘에는 고객의 적립을 유도하는 비용이 많이 줄었고, 도도 포인트, 카포칭, 터칭 등 지원하는 회사들을 쉽게 찾을 수 있다. 또한 바로 전산화가 되므로 우리한테도 이 고객이 몇 번이나 왔는지 방문 이력이나 구매 내역 등을 확인하기 쉽다.

● 창업 아이템은 계속 바뀌어야 한다

사장들이 흔히 잘못 생각하는 아이템에 대한 오해가 있다면, 바로 본인의 아이디어와 노력이 들어간 소중한 아이템을 변경하거나 개선하는 것을 두려워한다는 점이다. 실제 사업 과정에서는 사업의 아이템은 계속해서 바뀌는 것이 당연하다. 하지만 여기서 중요한 점은 아이템은 내 마음대로가 아니라 고객의 변화와 시장의 흐름에 따라 바뀌어야 한다는 것이다. 그렇기 때문에 아이템은 지속적으로 바뀔 수 있다. 스타트업 업계에서는 고객과 시장 변화에 따라 아이템이 변경되는 것을 피버팅(Pivoting)이라는 단어로 표현하며, 실제로 스타트업에서는 매우 흔하게 있는 일이다. 이 피버팅이라는 과정을 통해 고객에게 점점 가까이 다가가 고객의 필요를 정확히 짚어 주고, 자연스레 아이템의 변화를 가져오게 되는 것이다.

한 예로 효자손을 만드는 회사가 있다고 생각해 보자. 사람들이 등을 긁는 데 편리하도록 더 길게 원하기에 '아예 효자손을 낚싯대 형태로 만들어 볼까?'라고 생각하게 되었다. '우리가 낚싯대 타입으로 혼자

손을 만들었네? 우리가 효자손 기업을 할까? 아니야 아예 낚싯대를 한 번 해 보자.' 그래서 낚싯대 사업으로 뻗어 나갈 수도 있는 거다. 가능성이 있다면 효자손에서 낚싯대로 왜 탈바꿈하지 못하겠는가? 사업은 살아 있는 생물체이기 때문에 계속해서 변한다. 우리가 아이를 키우는 것과도 비교할 수 있다. 우리 애가 4살 때 달리기를 잘했다고 해서 달리기 선수가 되는 것은 아니듯, 기업도 마찬가지다. 처음에는 이 아이템으로 시작했다가 다른 아이템으로 발전하는 식으로 사업이 다각화될 수 있다.

사업의 확장은 두 가지다. 종류를 늘려 가는 것이 '사업의 다각화'라면, 한편으로는 '수직 계열화'가 있다. 효자손을 만들다가 낚싯대를 만들어야겠다고 넘어가는 것은 사업 다각화의 측면이다. 하지만 효자손을 하다가 효자손 패키지 회사도 인수하고 대나무 재배 회사도 인수하면 같은 업에서 점점 계열을 갖추게 되며, 이를 수직 계열화라고 한다. 즉, 가로축인 새로운 아이템으로 넘어가는 것은 사업 다각화, 세로축으로 사업의 영역을 늘려 가는 것은 수직 계열화이다. 적절한 때에 신규 사업으로, 아예 가로축을 바꾸거나 세로축으로 나가는 모든 가능성은 열려 있다. 지금은 비록 효자손으로 시작하지만 나중에 어떻게 될지는 아무도 모른다.

● 고객과 수익과의 구체적 관계를 고려하라

고객을 통한 매출 올리는 방법에 대하여 이야기해 보자. 첫째는 고객 수를 늘리면 된다. 즉 집객을 더 많이 하면 되고, 마케팅을 더 많이 하면 된다. 다만 이런 방법들은 비용이 발생하기에, 제일 확실하지만 어렵다. 가장 원시적인 방법이라고도 할 수 있다. 두 번째는 고객의 구매 주기를 앞당기면 된다. 기존에는 3개월에 1번씩 샀다면, 2개월에 1번씩 사면서 여기에 따른 혜택을 제공해 준다. 세 번째로는 고객을 이탈하지 않게 만드는 것이 중요하다. 두 번째와 세 번째처럼 고객이 계속해서 구매할 수 있도록 만드는 것을 '리텐션(Retention)을 유지한다'고 말한다.

예전에는 첫 번째 방법인 '집객'에만 다들 목숨을 걸었지만, 오늘날 이렇게 하기에는 매스마케팅의 비용이 너무 크다. 그래서 두 번째와 세 번째, 즉 고객의 구매 주기를 앞당기거나 고객이 이탈하지 않도록 하는 것에 집중한다. 비용은 적게 들고 효과는 크기 때문이다. 예를 들어 3개월에 1번씩 샀던 사람이면 1년에 판매량이 4개뿐이나, 2개월의 1회 구매로 구매 주기를 줄이게 되면 판매량이 6개로 늘어난다. '2개'밖에 안 늘어났지만 비율로 보면 50%의 증가율인 것이다. 이는 기업의 관점에서 매출액이 50%가 증가하는 것이니 정말 매출액이 크게 점프업을 할 수 있는 것이다. 이를 위해서는 고객이 구매 주기를 앞당길 수 있도록 혜택을 마련해야 한다. 예컨대 대표적인 사례가 매달 1일에 정기 배송을 하면 무료 배송에 할인 혜택을 주거나 구매할 때마다 기간 제한이 있는 스탬프나 포인트를 주는 방식을 많이 사용한다.

안타깝게도 대부분의 스타트업들은 구매 주기나 리텐션과 관련된 분야는 크게 신경 쓰지 않는다. 왜 그럴까? 특히 투자를 받은 이후라면 외형적인 성장에만 치중하기 때문이다. 투자 유치 이후 자사의 고객이 늘어났다는 것을 드라마틱하게 보여 줘야 한다. 실제로 구매 주기나 리텐션의 경우 고객 수나 회원 가입 수는 그대로일 것이 아니냐며 무시하는 경우가 많다. 투자자들 역시 신규 회원 가입이 늘었다고 할 때 혹하기 때문에 더 많은 광고를 해서라도 빨리 회원 가입을 증대시키도록 하라고 재촉한다. 그러나 실질적으로 중요한 것은 구매 주기나, 리텐션과 같은 방법을 활용하여 고객의 매출과 충성도를 유지해야 하는 것이다.

현재 시행되는 많은 온라인 광고들을 봐도 기업들은 회원 가입이나 첫 구매를 만드는 것에 연연하는 경우가 많다. 하지만 오늘날의 고객은 변심이 많아서 오늘은 그냥 A에서 샀고, 내일은 B에서 사고, 내일모레는 C에서 살 수 있다. 이를 전환 비용(Switching Cost)이라고 한다. 고객은 사용하는 애플리케이션을 바꾸고 웹사이트 바꾸는 것에 있어서 전환 비용이 0원이다. 동네에서는 큰 슈퍼가 싸지만 멀고, 작은 슈퍼가 비싸지만 가깝던 시절에야 전환 비용이라는 것이 있었다. 그러나 요즘에는 대부분 온라인으로 구매를 하게 되면서 A, B, C 모두 회원 가입이 되어 있으면 최저가인 곳을 찾아 구입하는 것이 고객들의 변화이다. 그나마 금액 차이가 얼마 나지 않는다면 리워드를 많이 주는 곳 혹은 익숙한 곳에 가게 되어 있다.

사실 이것은 꼭 온라인이기에 일어나는 현상이 아니다. 근래에 경쟁사 사업자들이 워낙 많아졌기 때문에 어디에나 적용된다. 특히나 단골의 개념도 많이 없어졌다. 그러니 오프라인에서도 고객의 리텐션을 유지할 수 있는 방법들에 대한 고민이 훨씬 중요해진다.

리텐션(재구매 관계)이 오랫동안 유지되었을 때 고객으로 부터 로열티(충성도)가 생기는 것이고, 이 로열티를 바탕으로 회사의 브랜드가 만들어진다. 나아가 고객 로열티를 바랄 것이라면 이 고객에게 그만큼의 혜택을 제공해야 한다. 예를 들어 기업이 오래 거래한 고객에게 "벌써 거래한 지 2년이 되었습니다. 20% 쿠폰을 드릴게요. 5년 되면 50%를 드릴게요!"라고 하면서 고객을 묶어두지 않는다면 그 고객은 언제든 여기를 떠날 수 있음을 명심해야 한다. 그렇기에 신규 고객 유치도 물론 중요하지만, 기존 고객의 충성도를 유지하는 것에 더 집중해야 한다. 사장은 고객의 충성도를 기대하기 전, 먼저 고객의 충성도를 얻기 위한 혜택을 충분히 제공하겠다는 생각을 가져야 한다.

● **시장을 선택하는 것은 결국 사장이다**

사장은 가설을 세워서 검증한다. 만약 새로운 사업을 준비하면서 하나의 가설을 세웠고, 실제로 고객으로부터 반응이 있었다고 해 보자. 내가 세웠던 가설은 100명 중에 1명은 고객이 될 수 있을 것 같다고 했는데, 실제로 해 봤더니 1만 명 중에 1명만이 고객이 되는 상황이라면? 여기서 사장은 두 가지 선택을 할 수 있다. 1만 명 중에 1명이라도 고객이 있으니 사업을 시작하거나, 고객이 생각보다 적으니 사업을 접는 옵션이다.

사업을 개시하게 된다면, '오히려 역으로 생각해서 우리나라 인구를 따져 보면 5천 명의 고객이 있네? 1명의 고객은 1인당 1만 원씩을 구매할 것 같고, 그럼 내 기대 매출액은 5천만 원이네!'라고 생각하며 이러한 틈새시장(Niche Market)을 노려 가벼운 조직으로 시장에 진출하는 경우가 바로 사장이 선택하는 사업이다.

 기존의 관점은 "1만 명 중 1명만이 고객이라니, 이건 말이 안 돼. 너무 고객이 없어"라고 분류했었지만, 오히려 요즘은 점점 작은 고객으로 세분화되는 것이 추세이다. 심지어 해당 분야의 경쟁자가 없이 사장 본인이 제일 잘하고, 할 수 있다고 생각한다면 충분히 도전할 수 있다.

 실제로 멘토링 과정 중 이와 비슷한 질문이 들어왔다. 화장품 분야의 박사까지 전공하신 분이고, 화장품을 잘 만들 수 있는 기술이 있는 분이었다. 특히 아토피에 효과 좋은 것을 사업 아이템화 하려는 사장님이신데, 이 아이템을 사람한테 적용할지 애완동물한테 할지 고민스럽다는 질문이었다. 그래서 나라면 애완동물 아토피 시장으로 가겠다고 말씀드렸다. 애완동물 중에서도 고양이면 고양이, 강아지면 강아지, 별도로 해서 틈새시장을 노리라고 말씀드렸다.

 이미 사람을 위한 화장품 시장에서 아토피라고 하는 부분은 큰 시장을 차지하고 있다. 이미 천억이 넘는 시장이기에 여기에 새로 진입했을 때 시장점유율을 1%라도 차지할 수 있을지, 없을지는 알 수 없는 일이다. 그런데 한국의 애완동물 쪽에는 아예 경쟁사가 없다. 그리고 전 세계적으로 경쟁사가 4개뿐이다. 차라리 이 시장에서 브랜드를 런칭 하자마자 시장에 세계 시장점유율 5위인 기업으로 안착하는 게 더 빠르리라 판단했다. 그럼에도 사장님은 여전히 "사람의 아토피 시장 쪽으로 가야지 내 브랜드도 알려지고 사람들이 관심도 가져 줄 텐데" 하는 욕심과 고민을 가지고 계셨다. 하지만 사람을 대상으로 하는 경우, 아예 고객으로부터 관심도 받지 못할 가능성이 크다. 그리고 사실 사람들의 인지도는 낮지만, 조용히 돈을 잘 버는 기업도 생각보다 많다.

그래서 나는 차라리 작은 시장에 가서 거기서 Top5 안에 드는 것도 괜찮다고 제안했다. 시장에 진출하자마자 시장점유율 5위인 기업이 되는 것이다. 전 세계에 4개밖에 없으면 전 세계 시장점유율 5위가 되는 대박 시장이다. 그러면 그것을 바탕으로 도 마케팅해도 되는 것이고, 선순환을 가져올 것으로 보인다. 거꾸로 보면, 이러한 시장 포지션을 바탕으로 회사의 전체적인 크기라든지 성장 가능한 폭이 보이게 된다는 점을 염두에 두자. 아무리 애완견 시장에서 잘한다고 해도 이것은 10억이 최댓값인 기업이 된다. 그럼 거기에 맞춰서 가장 타이트하고 라이트하게 조직 운영을 해야겠다고 계획해야 한다. 저 10억짜리 시장을 어떻게 하면 100억 시장으로 키울 수 있을까? 더 많은 애완동물이 아토피에 걸려야 할까? 아니다. 대신 그만큼 조직을 더 가볍게 가져가고 메이드 인 코리아 제품으로서 출시하자마자 시장점유율 5위가 된다면 거기서 추가로 사업의 확장을 모색해 볼 수 있는 가능성을 기대하는 편이 낫다. 이후 애완동물용 아토피뿐만 아니라 피부염 치료제 등으로도 발전시킬 수 있고, 다양한 카테고리로도 확장해 나갈 수 있기 때문이다.

영업의 정석을 마치며

우리는 영업의 정석 챕터를 통해 기업의 8할이 고객임을 인지하고 그들의 마음을 사는 영업에 대하여 알아보았다. 특히 대다수의 스타트업은 불편함이 있는 시장에서 이를 해결하고자 대안을 제공하는 형태의 제품과 서비스에 집중한다는 점을 알게 되었다. 고객에게 전달하는 방식은 MVP 모델로, 최소화된 기능을 제공하여 사장의 영업에 대한 전략이 유효한지를 지속적으로 확인하면서 개선, 발전시키는 방식을 사용해야 한다. 또한 문제의 해답은 현장에 있음을 늘 기억하고 사장은 필드에 있는 것을 두려워하지 않는 게 중요하다. 모든 케이스를 다루어 분류화와 매뉴얼화를 통해 향후에는 직원이 해당 업무를 할 수 있도록 시스템을 구축하는 것이 진정한 영업의 목표이며, 최종적으로는 고객의 DB가 사장과 기업의 자산임을 학습하였다.

MEMO

사장의 정석

(개인형 엑셀러레이터)
창업기획자의 세계

창업기획자가 뭐야?
창업기획자가 되고 싶다면
창업기획자의 세계를 마치며

사장의 정석
【창업기획자(개인형 엑셀러레이터)의 세계】

이 챕터는 창업기획자인 개인형 엑셀러레이터의 세계를 설명하고자 한다. 사장의 정석에 '창업기획자에 대한 소개가 필요한가?'라는 의문을 제기할 수도 있지만 앞서 다섯 챕터에서 이야기한 것처럼, 사장이 모든 일을 다 할 수 없기 때문에 창업기획자라는 직업이 나왔다. 사장 역시 창업기획자에 대하여 충분히 인지하고 이를 적극적으로 활용할 수 있어야 하므로 별도의 부록 형태로 창업기획자의 세계를 다루고자 한다.

이미 사장이 되신 분들은, '내게 필요한 아키텍처의 역할을 창업기획자와 함께할 수 있지 않을까?'라는 기대를 바탕으로

예비 사장이신 분들은, '만약 사장이 되지 못한다면 창업기획자로서 스타트업을 경험해 보는 건 어떨까?'라는 상상으로

현재 직장에서 받는 급여보다 더 많은 업무를 하는 역량 있는 주니어와 은퇴를 앞둔 시니어라면 새로운 직업으로서의 창업기획자에 대하여 알아볼 수 있는 기회가 될 것이다.

학술적인 목표로 창업기획자를 연구하는 후배 연구자, 창업 지원 기관의 매니저 및 창업 분야의 공공기업에 종사하는 분들이시라면, 향후 5년 이내에 국내 벤처 생태계의 큰 영향을 미치게 될 창업기획자라는 새로운 섹터를 경험해 보자.

각 분야에 궁금증을 가지고 계신 분들을 위하여 지난 5년여 간의 연구와 경험을 바탕으로 창업기획자, 즉 개인형 엑셀러레이터라는 직업을 공식적으로 소개하고자 한다.

창업기획자가 뭐야?

- **"국내 1호 개인형 엑셀러레이터"**

이제야 우리나라에도 엑셀러레이터가 주목받고 있다. 진흙 속의 진주를 발굴하고 같이 키워 나가는 일인 만큼 정부에서도 주목을 하고 있다. 국내 법률상 엑셀러레이터란 초기창업자 등의 선발 및 투자, 전문보육을 주된 업무로 하는 기업으로 현재는 법인형(기업형) 엑셀러레이터만 '창업기획자'라고 인정하고 있다. 필자는 앞서 이야기한 것처럼 이러한 법인형 엑셀러레이터는 '창업기획자'가 아닌 '창업기획사(社)'로 표기하는 것이 맞으며, 개인형 엑셀러레이터를 '창업기획자(者)'로 표현하는 것이 옳다고 주장하고 있다.

실제로 국내 엑셀러레이터 관련 법령이 생기기 전 과학정책기술연구원(STEPI)에서 지난 2013년 05월 발행된 창업 한류 촉진을 위한 창업기획사 활성화 방안을 살펴보면, 창업을 위한 지원 기관을 연예기획사의 성공 모델처럼 창업기획사가 그러한 역할을 해야 한다고 말했다. 그렇기에 기업의 가속을 돕는 집단을 창업기획사, 기업의 가속을 돕는 개인으로서의 직업을 창업기획자로 명명하는 것이 옳다고 생각한다.

이처럼, 필자의 경우 스타트업을 지속적으로 창업 및 스케일 업 했던 경험을 바탕으로 스타트업에게 필요한 돈, 시간, 사람을 진심으로 채워줄 수 있는 동반자로서의 직업을 새롭게 만들어 국내 1호 개인형 엑셀러레이터로 활동 중이다. 이후 필자와 같은 개인형 엑셀러레이터들이 많아지는 게 스타트업의 사장을 비롯하여 역량 있는 직장인, 경력형 은퇴자, EXIT을 경험한 연쇄창업가, 투자자 등 벤처 생태계의 모두를 위한 길이라는 사명을 갖고 있기에 한국개인형엑셀러레이터협회를 만들게 되었다.

● 부와 신뢰를 나누는 동반자

필자는 개인적으로 우리나라에서 오프라인 매장을 가장 많이 깔아 본 사람이라고 생각한다. 다양한 오프라인 매장을 수십 개 깔면서 느낀 것이, 사장이 열심히 하면 매장 2개까지는 운영이 되는데 3개부터는 사장 혼자 할 수 있는 범위를 넘어간다는 것이다. 3개부터는 사장의 노력이 아니라 회사의 시스템이 있어야만 운영이 가능하다. 하지만 어떻게 이 시스템을 구축해야 하는지 가르쳐 주는 사람도 없고 돌파할 힘이 없으니, 우리나라 중소기업들이 다 폭발 직전의 성장에서 멈출 수밖에 없는 안타까운 상태라고 생각되었다.

이것만 넘으면 알아서 조직이 돈을 버는 구조가 될 텐데… 하지만 그 구조를 만들 수 있는 사람들은 소위 똑똑한 사람들이다. 학력을 이야기하는 것이 아니라 동종 업계에서 능력을 인정받은 사람들을 의미한다. 그러나 이런 사람들의 몸값은 "세다." 그러다 보니 스타트업의 사장과 사장이 진정 필요로 하는 인재인 업계의 전문가들은 쉽게 만날 수 없는 사람이 되었다. 그럼 이 갭(Gap)을 채워 줄 수 있는 사람들이 누가 있을까? 필자는 창업기획자, 개인형 엑셀러레이터들이 그 일을 소화할 수 있다고 생각한다.

창업기획자는 '전문가형 창업기획자'와 '기업가형 창업기획자' 두 가지로 분류된다. 예를 들어 기업에서 전략 기획 팀장을 10년 이상 했기에 '나 어디 가서 전략기획 분야 좀 한다'라고 할 수 있다면 그럼 당신은 "전문가형 창업기획자"이다. '나는 실제로 창업을 해서 기업 매각을 20억에 했어. 스타트업 성장의 동반자가 되기에 부족함이 없지!'라면 당신은 "기업가형 창업기획자"이다. 실제로 협회에 최근 모 대기업 상무로 은퇴하신 분이 오셔서 활동을 시작했다. 이 분의 경우 제조업의 마케팅 분야에 전문성이 있으시고, 해외 네트워크도 보유하면서 동시에 스타트업에 투자를 할 수 있는 자본적인 여력도 있으신 분이었다. 즉, 신생 제조 스타트업의 경우 이런 분과 함께 성장할 수 있다면, 기업의 성장 속도와 가능성이 빠르게 올라간다. 이처럼 창업기획자가 늘어나면 스타트업이 더 건강해진다. 앞서 말한 도약을 위한 틈을 메우는 것이 창업기획자들이 할 수 있는 일이기 때문이다.

필자는 전문가형 창업기획자로, 첫 창업부터 경영지원 팀장 겸 공동창업자로 시작하다 보니 내가 가지고 있는 재능은 경영기획 쪽이나 전략, 투자 분야이다. 이 분야는 어느 회사든 경험하는 것들이 대부분 유사하다. 이런 배경을 바탕으로 사장과 충분히 이야기를 하다 보면, '아 이 사람이 영업 쪽을 이렇게 풀고 싶구나, 전략적으로 이렇게 풀고 싶구나'를 알기 때문에 그 역할들을 충분히 아키텍처로서 진행할 수 있다. 사장 입장에서는 믿을 수 있는, 즉 경험이 동반된 신뢰할 수 있는 전문가를 활용하게 되는 것이다.

● 컨설턴트와의 차이

엑셀러레이팅(Accelerating)과 컨설팅(Consulting)은 비교가 많이 된다. 나의 경우도 10개의 회사에 속해 있지만 그중에서 7~8개는 창업기획자로서 엑셀러레이팅을 하고, 2~3개는 컨설턴트로서 컨설팅을 한다. 컨설턴트는 외부인으로서 회사에 필요한 일을 한다. 회사 일을 외부의 객관적인 시선에서 전문가가 처리해 주기를 바랄 때 서비스류의 계약을 맺고 진행하는 게 컨설팅이다. 엑셀러레이팅은 스타트업의 공동투자자로서 엔젤투자자와, 그 회사에 일정한 직책을 받아 업무를 수행하는 컨설턴트의 역할이 결합된 직업군이다. 컨설턴트와 창업기획자 간의 가장 큰 차이는 주주이냐, 주주가 아니냐 하는 점이다.

특히 이번 코로나19와 같이 기업의 위기가 찾아올 때 컨설턴트와 창업기획자 간의 차이는 극명하게 나타난다. 기업을 운영하는 고비와 위기의 순간에서 사람들은 이기적으로 생각할 수밖에 없다. 본인의 생존과 관계된 일이기에 이기적으로 행동하는 것이 가장 이성적일 수 있다. 때문에 위기가 찾아온다면 비용 절감의 목적으로 사장은 컨설턴트에게 미안하지만 여기까지만 도와달라고 이야기하게 될 것이고, 컨설턴트 역시 안타깝지만 이를 수용할 수밖에 없게 된다. 반면 창업기획자는 다르다. 창업기획자는 내 회사이기에, 사장에게 먼저 비용을 절감할 타이밍을 알리고, 긴축 재정과 동시에 매출을 유지하는 방안으로 사업 구조를 바꾸어 생존을 목표로 조직을 세팅하자고 이야기한다. 동시에 자금이 부족해지면, 주주로서 사장과 창업기획자 간 일정 부분을 함께 마련하여 가수금을 넣기도 하고, 본인들의 생활수준을 고려하여 급여를 줄이고 버티자고 이야기를 할 수 있게 된다.

즉, 엑셀러레이팅은 이러한 회사 조직의 현재 위기, 더 큰 성공, 발전과 진화를 함께 고민하는 활동이다. 중요한 문제를 컨설팅으로 해결하기에는 제약점이 많다. 핵심적으로 책임감 있게 해 줄 수 있는 컨설턴트를 찾기가 어려울뿐더러 컨설턴트에게 컨설팅에 대한 결과까지 완벽히 책임지라고 한다면 과도한 부담이 될 것이다. 나 역시 컨설팅을 하고 있는 회사들이 있다. 그러나 하나의 프로젝트로 수임을 받는 방식이지, 회사의 도약과 진화에 대해 컨설턴트로서 활동하는 것은 제한적이다. 반면에 엑셀러레이팅을 하는 곳에는 신뢰가 있다. 필자 역시도 엑셀러레이팅을 하는 곳에 갈 때는 마음이 굉장히 편해진다. '저 사람이 나를 등지지 않을 거다'라는 서로에 대한 신뢰의 확신이 사장에게도, 나에게도 있기 때문이다. 그러다 보니 실질적으로 의사 결정을 하거나 업무 분배를 함에 있어서도 더 다양한 아이디어로, 적극적으로 할 수 있게 된다. 반면 컨설팅을 하는 곳의 경우는 그곳에서 원하는 바가 명확하게 있기 때문에 그걸 달성해 줘야 된다는 커다란 책임감으로 부담스러운 면이 있다. 또한 회사가 경제적으로 어려워지면 언제든지 잘릴 수 있다는 것도 감안해야 된다.

가장 근본적인 차이는 사장과의 우정뿐 아니라, 기업에 투자, 혹은 주식을 나누고 있는지의 여부이다. 아무리 내가 5억짜리 컨설팅을 해준다고 해도 그 결과는 그 회사의 것이기 때문에 받은 만큼만 일해야겠다고 생각하게 된다. 컨설팅 비용이 3천만 원이나 회사 사정에 맞게 깎아서 천만 원에 진행된다면, 그 받은 만큼만 업무로서 수행할 수밖에 없다. 반면에 '내 회사'라면 더 열심히 한다. 그렇기에 지분을 가지고 있는지, 없는지에 대한 차이는 생각보다 크다. 사장 입장에서도 외부인이 봐 주는 것과 우리 회사 주주가 전문성을 가지고 봐 주는 것과는 차원이 다르다. 더 많은 정보를 있는 그대로 내놓고 느끼는 어려움을 야기한다. 창업기획자는 그에 더하여 자신의 경험을 바탕으로 더 좋은 결괏값이 나올 수 있도록 노력한다.

기업의 주식을 가지고 있기 때문에 그 신뢰를 바탕으로 사장은 더 많은 정보를 제공하고, 창업기획자 역시 시가보다 돈을 더 적게 받더라도 더 열심히 일할 수 있다.

- 신뢰가 맺어 주는 인연

필자가 엑셀러레이팅을 하게 된 분들은 모두 현장에서 만났다. 고객으로서 만나게 된 인연으로 같이 창업을 하게 되거나, 컨설턴트로서 업무를 수행하는 과정에서 사장과 관계를 맺게 되어 발전하거나, 사장들이 주변 사장에게 소개해 주어 만나게 되었다. 다른 사장들에게 소개로 연결되는 경우가 많다는 것은 엑셀러레이팅이라는 분야가 생소한 영역이기도 하지만, 무엇보다도 신뢰의 문제가 정말 크기 때문이다. 앞서 이야기한 것처럼 사장은 직원들에게도, 가족에게도 터놓을 수 없는 사장만의 고충이 있다. 직원이나 가족도 아닌데 이런 고충을 누구보다 나를 잘 알고 이해해주는 창업기획자가 있기에 사장의 부끄러운 부분까지고 편하게 이야기할 수 있는 사이가 된다.

스타트업의 공동창업자들은 서로를 형제라고 표현한다. 스타트업에 돈을 넣는 사람은 정말로 이 회사에 자본으로 이어진, 자본주의에서 형제 같은 사이가 된다. 바꾸어 말하면, 회사에 아무나 돈을 넣을 수는 없다. 처음에는 서로가 좋기 때문에 그 사람이 내 회사에 돈도 넣어 주고 회사의 주주가 되어 좋지만, 그 사람을 잘 모르는 상태에서 받게 된 돈이 나중에 문제를 일으킬 수도 있다. 그러다 보니 주식에 있어서 누군가를 초대하는 것은 굉장히 어려운 행위이고, 신뢰가 충분히 뒷받침되어야 한다.

● **성공을 위한 스타트업 방정식**

스타트업의 성공은 해야 할 일, 성공 확률, 성공한 후의 예상되는 보상, 이렇게 3가지로 이루어진 일종의 함수이다. 여기서 확실한 것은 해야 할 일만 픽스(Fix)가 되어 있을 뿐, 성공 확률과 예상 보상은 알 수 없는 변수들이다. 엑셀러레이팅 분야에서 스타트업은 창업기획자가 투자 가능한 시간이 어느 정도인지, 자본이 어느 정도인지, 역량이 어떠한지에 대해 알지 못한다. 창업기획자도 이 스타트업이 가지고 있는 성장 가능성이 어느 정도인지 사전에 평가하는 것은 매우 어렵다. 이런 상황에서 변수가 너무 많기에 이 둘을 다이렉트로 바로 매칭되면 안 된다고 판단했다. 사장도, 창업기획자도 서로 의견이 맞아야 하는 중요한 관계이기 때문이다. 이런 점들이 엑셀러레이팅을 확대하는 데에 너무 신중해진다면 진입 비용이 높아질 수 있기에, 한국개인형엑셀러레이터협회(KIAA)를 만들어서 사장과 창업기획자 사이의 신뢰를 형성하고 검증하는 하나의 완충지대를 만들어 냈다.

협회에서는 스타트업과 창업기획자를 연결해 주고 '기본 3개월 동안 컨설턴트로 일해 보셔라, 3개월간 컨설턴트로 일해 보시고, 서로가 괜찮으면 둘 간의 자본으로서 형제가 되셔라'라고 얘기한다. 또한 스타트업이 정확히 필요한 게 뭐고, 성공률이 얼마이고, 창업기획자가 어떤 역할로, 시간을 얼마나 쓸 수 있고, 얼마나 역량이 있는지를 보고서 괜찮은 사람을 서로 매칭해 주는 일, 그리고 문제가 생기면 함께 해결하는 과정을 한국개인형액셀러레이터에서 수행한다.

창업기획자가 되고 싶다면

• 창업기획자란 직업의 본질이다

이제는 더 이상 직장이 중요한 시대가 아니다. 직장이라 함은 내가 입고 있는 옷 같은 것이다. 내가 대기업을 다니면 대기업 브랜드의 옷을 입고 있는 것일 뿐, 대기업과 내가 동일시될 수는 없기 때문이다. 이 점을 이제 많은 사람들이 인식하기 시작했다. 그러다 보니 대기업에 있다가도 스타트업으로 넘어오는 분들이 굉장히 많아졌다.

그러한 배경엔 아무래도 직장이라는 곳이 나한테 정년을 보장해 주지 못한다는 변화가 있다. 우리가 취직과 창업에 대한 고민을 할 때, 불과 5~10년 전만 하더라도 당연히 '취업이 안정적인 것이고 창업은 리스크가 큰 거야'라고 이야기했다. 그렇지만 요즘에는 취업을 할지와 창업을 할지에 대한 리스크를 동일하게 놓는다. 기존에는 기업에 충성을 다하면 이 기업이 나를 65세까지 정년을 보장해 줄 거라는 하나의 고용 계약의 효력이 길게 발생하던 시기가 있었다. 그러나 요즘에는 고용도 워낙 불안정할뿐더러 대기업이 망하지 않는다는 보장도 없다. 때문에 굳이 내가 남한테 내 시간을 주고 돈을 받는 그런 자본주의의 거래보다는 차라리 내가 좋아하고 잘하는 일을 하면서 창업하는 게 더 좋겠다고 생각하는 사람들이 많아졌다. 그런 측면에서 봤을 때 더 이상 직장이 중요한 게 아니라 직업이 중요한 것이라면? 그리고 내가 해당 분야에서 전문성을 갖추고 있다면? 창업기획자가 되어 나의 경험과 시간을 투자하여 기업을 같이 처음부터 만들어 나가는 과정을 밟을 수도 있다.

스타트업을 한다고 하여, 모든 사람들이 창업을 하여 대표이사나 사장이 될 필요는 없다. 누군가는 이 창업자를 도와주고, 지원해 주고, 가지고 있는 자본과 능력을 이용해 기업이 성장하게끔 이끌어 줘야 하는 사람도 필요하다. 이 대목에서 창업자만 육성하려는 정부 정책의 흐름도 비판적으로 볼 필요가 있겠다. 오히려 창업기획자가 더 많아져서, 새로 생긴 기업들이 더 건실하게 오래갈 수 있다면 직업으로서 창업기획자라는 사람들이 양성될 수 있다. 또한 이런 것들이 스타트업 사장들에게 더욱 도움이 되지 않을까?

필자의 석사 논문에서는 다양한 스타트업들을 연구했는데, 공통적으로 돈, 시간, 사람이 부족하다는 결과가 나왔다. 돈, 시간, 사람을 동시에 세이브시켜 줄 수 있는 것도 바로 이런 창업기획자들이다. 그로 인해 장기적인 관점에서 보면, 엑셀러레이팅에 대한 니즈나 필요성은 점점 높아질 것이다.

앞서 말한 것처럼, 직장이라 함은 입고 있는 옷의 브랜드에 불과하지만, 직업이라 함은 우리의 진짜 몸을 말한다. 삼성에서 일하는 근로자는 삼성 옷을 입고 있는 사람이고, LG에서 일하는 사람은 LG 옷을 입고 있는 것뿐이다. 단순히 이 사람이 '오 대기업의 좋은 옷 입었네?'라고 말할 수 있지만, 이 사람이 곧 명품이라고 말할 수는 없다. 그렇기 때문에 대기업이든, 중소기업이든 현재의 옷을 벗기 전까지 옷을 지키키 위한 노력이 아닌, 내 몸 자체가 명품이 되도록 준비해야 한다. 누구나 언젠가 직장이라는 이름의 옷을 벗어야 되는 날이 분명히 온다. 그렇기 때문에 직장에서 내 업에 대한 이해도와 전문 지식, 나아가 삶의 의미와 재미를 찾아내는 것이 훨씬 중요하다. 그래서 현재 내 옷이 무엇인지보다는, 우리의 몸을 어떻게 명품으로 만들 것인지에 대해 진지하게 고민해야 하는 시대라고 할 수 있다.

- 창업기획자의 수익 모델

창업기획자와 사장 간의 신뢰를 기반으로 한 관계는 영구성을 지닌다. 어떤 분은 나의 역할을 비즈니스 모델 차원에서 보기도 했다. 어느 날 한 분이 물었다. "처음에 스타트업에 얼마 정도 투자하세요?" 그의 물음에 천만 원에서 2천만 원 정도 넣는다고 대답했다. "그러면 팀장급 일을 하고 한 달에 얼마 받으세요?" 그 물음에는 백에서 2백 정도 받는 다고 대답했다. 그러자 그 분은 "10개월이면 당신의 투자 비용을 뽑는 거네요?"라고 말씀하셨다. 처음 회사에 천만 원을 넣고, 이 회사에서 10개월 동안 백만 원씩 받고, 그 이후부터는 내가 초기 투자한 돈 이상 을 계속 받는 거니까 그 분의 셈법도 맞다고 생각한다. 대신 나는 시간 과 에너지를 써서 기업의 가치를 만들어 내는 일을 하며, 초기에 투자 한 돈이 주식의 형태로 남아 있으므로 이런 관점으로 접근한다면 창업 기획자 입장에서는 소위 손해 볼 일은 없다.

물론, 창업기획자가 투자한 스타트업을 통해 무조건 큰돈을 벌 수 있 다고 생각하지 않는다. 대신 창업기획자라는 일을 직업의 관점에서 본 다. 기업이 급성장하면 직원이자 주주로서 좋겠지만, 그보다는 이 회사 가 살아 있는 한 지속적으로 나에게 소득이 된다는 점, 그리고 이 회사 를 내 회사라고 말할 수 있는 관계가 된다는 점이 창업기획자의 매력이 라 생각한다. 그래서 필자는 '개인형 엑셀러레이터는 비즈니스를 통해 서 창업자와 부와 우정을 나누는 파트너'라고 표현한다.

추가적으로 스타트업이 성장하면 할수록, 이 초기의 창업기획자는 점 점 더 일이 줄어들게 된다. 처음에는 직접 모든일을 다 하다가도 기업 이 좀 더 성장하면 직원을 뽑고, 직원이 잘하고 있는지 일주일에 한 번 리포트를 보내어 그것만 관리해 주면 되는 식이니 창업기획자의 일이 점점 줄어든다. 물론 사장은 창업기획자보다 월급이 많지만 풀타임이니, 그런 차이는 당연히 감안하는 측면이 있다. 때로 일을 많이 할 때는 사장에게 이번에는 월급을 올렸으면 좋겠다고 편하게 얘기할 수도 있는 관계가 창업기획자와 사장 간의 관계이다.

● 어떤 사람이 하면 좋을까?

앞서 이야기 한 대로 창업기획자는 두 가지로 구분된다. 실제로 창업해 본 경험을 바탕으로 EXIT의 경험을 갖춘 기업가형 창업기획자와 전문성을 바탕으로 한 전문가형 창업기획자이다. 그중 전문가형 창업기획자는 은퇴하고 시간과 자본과 여유가 있으면서 본인의 직업을 지속적으로 활동하고 싶어서 창업기획자가 되시려는 분들이다. 다른 부류로는 전문 역량을 갖춘 직장인으로서 수입 파이프를 더 늘리고 싶어 하시는 분들이다. 지금은 회사의 옷을 입고 있지만 언젠가는 창업 전선에 뛰어들 거라고 생각하시는 분들로, 현재 내가 회사를 다니지만 과외적으로 시간, 지식, 경험, 돈을 투자하는, 하나의 직업으로서 활동하려는 분이다.

실제 후자의 예를 한 번 보자. 중소기업 A라는 곳에 마케팅 대리로 일하는 한 분은 화장품 쪽에서 마케팅 영업을 8년 동안 하셨다. 성공시킨 브랜드가 많은데도 회사에서는 본인에게 마케팅 대리급의 월급만 주는 것이다. 이 분의 경우 본인이 화장품업에서 자원도 가지고 있고, 프로세스를 빠삭하게 알고 있으니, 같은 계열의 신생 화장품 회사를 도와주는 역할의 엑셀러케이터가 될 수 있다. 신생 회사 입장에서는 더러한 현장 경력직이 도와주면 빠르게 제품이 나오고 좋은 마케팅을 진행할 수 있도록 만들어 주기 때문에 이 전문가를 환영한다.

이러한 고급 인력에게 사장은 시가 100%의 돈을 주지 않아도 이들의 돈과 노하우를 가져올 수 있으니 매우 좋은 기회이다. 사장 입장에서는 저숙련 직원들과 주먹구구식으로 할 때보다는 성공 가능성을 확실히 높일 수 있다. 한편, 참여하는 엑셀러레이터들 역시 투자의 목적으로 본인의 시간, 돈, 에너지를 투자해서 이걸로 더 큰 가치를 만들어 낼 수 있다.

물론 충분한 돈, 시간, 열정이 모두 있다면 직접 창업을 할 수 있다. 하지만 실제로 창업에 뛰어들기에는 애매한 상황이라면? 창업에 온전히 뛰어들지 못하고 언저리에 있는 사람이라면?

아마 이 책을 읽는 독자 중 창업을 꿈꾸는 예비 사장들의 약 90%는 여기 회색 지대에서 고민하고 있을 것이다. 바로 창업기획자는 지금 당신에게 다른 선택지를 제공한다.

'내가 지금은 직장에 속해 있지만, 내가 가지고 있는 과외적인 시간과 전문 분야의 경험을 투자해서 사장인 당신에게 도움을 줄게'라는 마음으로 창업기획자의 역할을 할 수 있다. 이런 사람들의 기존 선택지는 그냥 회사를 다니면서 조그맣게 엔젤로 투자하거나 또는 회사를 아예 퇴직하고 컨설턴트로 뛰거나, 두 가지밖에 없었다. 그러나 이제 직장을 다니면서도 엑셀러레이팅을 하는 사람은 점점 많아질 것이라고 전망한다. 스타트업은 더 늘어날 것이고, 월급쟁이와 안정적인 일자리들은 계속 없어질 것이기 때문이다.

● 어떻게 좋은 엑셀러레이터가 될 수 있는가?

좋은 엑셀러레이터란 무엇일까? 스스로 필요한 역량을 계속 키우고, 시간을 최대한 많이 확보하고, 스타트업에 투자할 자본이 충분한 사람이 좋은 엑셀러레이터라고 생각한다. 객관적인 기준을 마련하기는 어렵지만 시장에서 얼마나 잘 팔리는가를 측정하는 도구인 연봉처럼, 실제 스타트업에 제공하는 가치인 성과가 좋은 사람이 아무래도 엑셀러레이터의 세계에서도 선호하는 사람이 될 수밖에 없다.

무엇보다 좋은 창업기획자는 사장과 케미가 맞아야 한다. 창업기획자는 공동창업자이기도 하고, 직원이기도 하고, 주주이기도 한 복잡한 사람이다. 그러다 보니 이 사람은 사장과 '케미'가 맞지 않으면 안 된다. 가장 기본적으로 사장의 비전과 사업에 대한 철학을 이해하고 그에 동의해야 한다. 그리고 이를 사장과 함께 같이 키워 나가자고 하는, 비즈니스를 통해 부와 우정을 나누는 동반자가 되어 가는 과정임을 잊지 말아야 한다.

돈만 투자한다고 하면 엔젤 투자로도 충분하다. 노동, 용역을 제공하고 돈을 받으려면 컨설턴트를 하는 게 맞다. 하지만 엔젤 투자에서, 기업에 대한 또는 사장에 대한 기본적인 관계 형성 없이 돈만 투자하는 소위 '묻지마 투자'인 경우도 더러 있다. 근본적으로는 이들이 투자하지만 정작 기업 내부에서 사업이 어떻게 진행되고 있는지 알기 어려운 구조이기 때문이다. 그렇기에 100개 중에 5개를 성공하면 엔젤투자에서는 잘했다고 알려지는 것이다.

컨설턴트들은 기업 실적이 좋지 않다면 바로 업무를 중단해야 한다. 반면에 컨설팅을 통해 기업이 성공하게 되었을 때 컨설턴트한테 성공보수를 더 주는 것도 없다. 거꾸로 실적 달성이 안 되었다고 해서 책임지는 것도 없다. 그러다 보니 특히 우리나라는 컨설팅과 엔젤 투자 시장이 약해질 수밖에 없다.

좀 더 깊이 들어가서 책임도 있고, 권한도 있는 창업기획자, 개인형 엑셀러레이터가 엔젤 투자와 국내 컨설팅 활동의 새로운 대안이 될 것이라 기대한다.

창업기획자의 세계를 마치며

직장을 다니거나, 창업을 하거나 단 둘뿐이 존재하지 않던 국내 창업 시장에, 창업기획자라는 새로운 분야의 필요성과 역할, 그리고 갖추어야 할 자질과 역량에 대하여 알아보았다.

또한 독립된 하나의 직업군으로서 스타트업에게 필요한 시간, 사람,

자본을 공급해 주며 동시에 사장의 든든한 동반자이자 부와 우정을 나누는 파트너가 바로 창업기획자, 개인형 엑셀러레이터임을 학습하였다.

MEMO

사장의 정석
【《사장의 정석》을 마치며】

《사장의 정석》을 마치며

● 못다 한 세 가지 이야기

어느덧 사장의 정석 다섯 챕터의 학습을 완료하였다. 책을 마감하며 사장님들께 마지막으로 전하고 싶은 3가지의 생각거리들을 통해 못다 한 이야기를 전하고자 한다.

1. 사장 없는 매장이 늘고 있다

최근 사장 없는 매장이 늘고 있다. 요즘 창업 메가 트렌드 중 하나는 자본가들의 도전이다. 자본가들은, 돈은 많은데 시간이 없고 에너지를 쓰고 싶지도 않다. 그럼 이 사람들이 할 수 있는 옵션은 몇 개 없다. 예금을 하거나 투자를 하거나. 투자라는 것도 여러 가지가 있는데 자본가들이 창업의 영역에도 들어왔다는 것은 기존에 없던 새로운 변화이다.

이 사람들은 기존에 소매업으로 불렸던 소상공인의 영역인 식음료업, 카페, 식당 등을 창업한다. 예를 들어 높은 건물 1층에 프랜차이즈 카페를 차리는 것이다. 매니저와 알바를 두고 월급을 충분히 주면서 일을 시키니 좋은 입소문도 퍼진다. 이는 사장이 출근을 하지 않는 '오토 매장'이다.

자본가의 개념은 확실하다. 10억을 1% 금리의 은행에 넣었다면 연 1천이 남지만, 오토 매장을 돌려 이보다 높은 수익을 얻는다면 기꺼이 창업을 시작하는 것이다.

반면 우리 중소상공인 사장들은 재료도 직접 사장이 고르며 원가를 어떻게라도 아껴보려고 노력하면서 인건비도 최소화하기 위해 노력한다. 한번은 초밥집에 갔는데 1인분에 9천 원이었다. 그런데 말도 안 되게 좋은 생선을 쓰고 사람들이 줄을 서서 먹는다. 어떻게 이게 가능하냐고 했더니 자기가 건물주라는 것이다. 월세가 안 나가니 그만큼 좋은 재료를 써서 장사가 잘된다고 하더라. 바로 이것이 무서운 거다. 심지어 이렇게 장사 잘된다는 소문이 나게 되면 또 다른 소상공인 사장이 와서 '이거 초기 비용이 3억 들어가셨으니 5억 주고 살게요. 이렇게 장사가 잘되니까'라고 제안할 수도 있다. 이렇게 인수한 개인 사장이 들어옴으로써 또다시 승리하는 건 자본가이다.

자본가들은 더 나아가 매니저들에게도 지분을 주기 시작했다. 그래야지 자기 것처럼 일을 하기 때문이다. 지분을 주면 매니저는 열심히 일하게 된다. "당신은 직원이 아니라 너도 여기의 주주이자 직원이기 때문에 더 헌신해야 한다"라고 설명한다. 물론 지분이라고 하더라도 많이는 아니고 5~10% 정도를 준다. 그러면 직원으로서뿐 아니라, 내 것이기에 더 열심히 하게 되는 현상이 발생한다.

이제는 바야흐로 자본가에 의한 대리 사장의 시대가 도래했다. 우리 사장들은 이제 경쟁사뿐 아니라, 자본가들과도 싸워야 하는 시기가 온 것이다.

2. 높아진 최저임금, 달라진 직업의 의미

최저임금에 대한 고찰을 해 보자. 최근 최저임금이 너무 가파르게 올랐는데, 문제는 노동을 하는 사람들 사이에서도 이익을 보는 층과 손해를 보는 층이 다르다는 것이다. 과거 최저임금 아래 구간에 있는 사람들은 혜택을 본다. 그러나 최저임금보다 '약간' 더 벌고 있던 사람들은 손해를 본다.

시간당 4천 원이던 시절, 편의점 알바가 209시간 일한다고 하면 83만 6천원을 받았다. 이때 카센터에서 일하던 직원들은 한 달 월급을 150만 원 받았다. 그렇기에 사람들은 카센터 '기술'을 배우는 게 편의점 알바보다 낫다고 평가받았었다. 하지만 최저임금이 쭉 오르면서 편의점에서 일하는 사람이든 카센터에서 일하는 사람이든 200만 원 내외를 받아 간다. 이러다 보니 사람들이 굳이 기술을 배워 카센터에서

220만 원을 받으면서 험하게 일할 바에는 10만 원을 덜 받고 편의점에서 아르바이트하는 게 낫다고 생각하게 되면서 근로 시장에 지각변동이 일어난다. 상대적 박탈감을 느끼는 사람들이 생각보다 많은 것이다. 실제로 한 카센터 직원이 자신은 공고를 나오고 대학도 자동차 관련 전공을 하여 6년 경력을 쌓아 나름 고숙련이라고 생각하면서 자부심 갖고 일했는데, 왜 편의점 알바와 월급이 비슷한 수준이어야 하냐는 질문에 충격을 받았던 기억이 있다. 물론 최저임금이 올라가는 만큼 이들의 임금을 올려 주고 싶어도, 매출이 드라마틱하게 올라가지 않는 이상 큰 차이가 나게 줄 수는 없다. 그러다 보니 최저임금과 최저임금보다 약간 더 받는 사이에 있는 많은 직업군들에서 노동력의 이탈이 일어나게 된다.

이는 단순히 직업별 문제뿐 아니라 기업 내 신입, 주임들, 과장급의 급여에서도 새로운 고민거리가 생기게 된다. 이렇게 되다 보니 카센터를 운영하는 소상공인 입장에서는 직접 일을 하는 1인 매장으로 전환하거나 아니면 직원이 아니라 파트너를 고용해서 공동창업을 하는 것으로 시장이 아예 바뀌게 되었다. 이는 비단 카센터만의 문제가 아니다. 소상공인의 대부분 기업들이 이런 위기를 겪고 있다. 엎친 데 덮친 격으로 코로나19로 인해 매출도 부족한 상황이다. 그러다 보니 앞서 이야기했듯 자본을 가진 사람들은 법을 다 지키면서도 경쟁력이 있지만, 소상공인의 경쟁력은 더 취약해진다. 그럼 이 소상공인들은 다 어디로 가야 하나? 단독으로 조그맣게 구멍가게를 하거나 자본력을 동원해 아주 크게 매장을 운영하는 곳만 살아남거나 둘 중 하나밖에 없다.

최저임금이 올라감에 따라 소상공인들이 굉장히 많이 몰락한다는 게 단순히 직원의 월급이 올라가서가 아니다. 이런 상대적 박탈감을 느낀 중숙련 노동자들을 끌어들일 매력이 없다는 게 문제이다. 아마 앞으로 노동 부문은 크게 두 가지로 나뉠 것이다. 저숙련과 저임금, 초고숙련과 고임금. 그 사이의 중간층이 없어지게 된다. 차라리 일을 잘하는 직원에게 돈을 더 주고 더 많은 일을 시키거나 아예 저숙련의 아르바이트생에게 시급제로 돌려서 최저임금으로 주게 될 것이다.

이런 최저임금의 변화가 가져오는, 사업의 리스크가 점점 커지는 흐름도 사장은 예의 주시해야 한다.

3. 파이프이론을 통한 경험주의

자본은 부족하고 노동시장은 불안할 때, 생존을 위해 무엇을 해야 할까? 끊이지 않을 만한 돈을 계속 들여오게 하는 전략을 '파이프(Pipe)이론'이라고 표현한다. 파이프를 여러 개 만들어서 끊이지 않을 만한 돈을 계속 마련하는 것이다.

필자 역시 처음 사업할 때만 해도 엔젤 단계부터 IPO까지 어떻게 하면 빨리 갈 수 있을지만 고민했다. 과거 한 회사를 50억에 매각했으니 시리즈 B 정도에서 엑싯(Exit)을 했었다. 그 경험을 바탕으로 그 다음 2호, 3호 기업들도 어떻게 하면 제일 빠른 방법으로 돈을 남길 수 있을지 고민했다. 그러다 문득 '100개 중에서 1개만 살아남는다'는 스타트업의 IPO 확률이 너무 낮다고 느껴졌다. 그러다 보니 파이프이톤으로 생각을 바꾸게 되었다. 유니콘이 될 만한 것에 올라탈 확률보다는 안전하게 망하지 않는 비즈니스를 여러 개 하는 게 낫다고 판단한 것이다. 1개를 투자하여 IPO까지 빨리 가는 방식에서 전략을 바꾸었다. 100개를 투자하여 1개는 IPO까지 되어 큰돈도 벌 수 있다면 좋고, 그렇지 않더라도 나머지 99개 역시 꾸준히 돈이 들어오는 방식을 선택한 것이다.

이처럼 창업기획자는 직업이 만들어질 때부터 파이프이론에 근거하여 한 곳에서 천만 원을 받는 것보다 다섯 곳에서 2백만 원씩 받을 수 있도록 설계한 모델이다. 이런 파이프이론은 창업기획자뿐 아니라 사장들에게도 꼭 갖추라고 말하고 싶다. 사장이 스타트업을 운영하면서 동시에 다른 스타트업의 비상장 주식에 투자하여 주주가 될 수도 있다. 이런 파이프이론을 통한 경험주의는 보다 사장 자신을 객관화하며, 동시에 수입을 늘릴 수 있는 추가적인 파이프라인이 될 수도 있다.

전 국민 누구나 엔젤투자지원센터(KBAN)의 교육을 들으면 적격 엔젤이라는 수료증을 주며, 정부가 인정하는 적격 엔젤이 될 수 있다. 10만 원의 비용으로 8시간의 교육으로 구성되지만, 그 이후부터는 이 사람은 어디 가서 적격 엔젤 투자자라고 말해도 된다. 정부에서는 계속하여 엔젤 투자자를 육성하고 싶어 하는 정책의 영향으로, 개인의 소득공제에 있어서 적격 엔젤로서 인정받고 중소기업에 투자하게 되면, 투자

금액 3천만 원까지는 100%, 3천만 원 이상 5천만 원까지는 70%, 5천만 원 초과분은 30%로 공제해 준다. "세금 낼래, 투자할래?"라고 선택지를 주면서 정부는 전 국민의 엔젤 투자자를 꿈꾸고 있다. 그렇기에 사장이 직접 적격 엔젤이 되어봄으로써, 투자라는 행위가 먼 곳의 일이라고 치부하기보다는 좀 더 적극적으로 관심을 가질 필요가 있다.

또한 정부에서 벤처 투자를 위한 펀드를 만들 때 900억이라는 돈을 배정한다면 이 중 90억은 청년 창업인, 50억은 사회적 기업, 130억은 40세 이상, 50억은 AI에 투자해야겠다는 계획이 있으며, 그 투자 분야별로 투자사(벤처캐피탈)들이 따로 있다. 이는 한국벤처투자(K-VIC) 홈페이지에 모두 공시되어 있기에 누군가 '안녕하세요 저는 벤처 캐피탈리스트입니다' 하고 명함을 받으면 먼저 해야 할 일은 해당 VC가 어떤 펀드를 운영하는 회사의 사람인지 알아보는 것이다. 기존에는 "우와, VC라면, 이 사람이 나에게 투자할 수 있겠다! 잘 보여야겠다!"라고 생각했었는데 사실 내 사업에 투자 가능한 펀드가 없는 경우가 많다. 과거에는 정보의 비대칭이 굉장히 컸기에 이전에는 벤처캐피탈리스트들이 우대받던 시대였다.

이제는 VC가 늘어남에 따라 창업자가 VC를 선택하는 시대가 되었고, 정보가 어느 정도 대칭이 된 측면이 있다. 이런 정보는 모두 공시되어 있으니 사이트에 들어가서 이 투자사가 어떤 펀드를 운영하고 있는지 모두 볼 수 있다. 스케일 업을 하고 싶은 사장이라면 이런 면면도 한 번씩 다 살펴보면 좋겠다.

또한 앞서 이야기한 IPO(주식상장)가 먼 곳에 있는 이야기 같지만, IPO는 꾸준히 계속 이루어진다. 여의도에 가면 IPO 하기 전 사업설명회를 하는 자리가 있다. 이는 일반인 누구나 갈 수 있다! "우리 회사는 이런 역사를 가지고, 지금 공모가가 8천 원에서 1만 5천 원 사이입니다. 저희 회사에 투자해 주십시오!"라는 사장의 IR이 매일 일어나고 있다. 그렇기에 IPO를 꿈꾸는 사장들은 직접 한국거래소(KRX)에 가서 IPO 하는 기업 사장의 IR을 들어 보고, 당신도 언젠가 저 무대에 설 수 있다는 자신감을 가지라고 이야기하고 싶다.

마지막으로 이런 일련의 과정을 통해 사장 자신이 투자자라면 과연 내 사업에 투자할 수 있는지에 대해 고민해 보자. 또한 이 과정을 통해 투자자들이 어떤 사업계획서를 요구하고, 얼마만큼의 수익률을 기대하는지 직접 경험하는 것이 중요하다. 사업의 전체적인 투자 분야를 직접 경험해 봄과 동시에 시야를 넓힐 수 있기에 진심으로 추천한다.

• 2년간의 집필 기간을 마치며

처음 책을 집필하겠다는 마음을 먹고, 《사장의 정석》이 나오기까지 2년이라는 시간이 걸렸습니다. 처음 펜을 잡을 때만 해도 어떻게 하면 빠르게 성장할 수 있을지가 주된 고민이었습니다. 그런데 집필하는 기간 동안 코로나로 인한 위기가 국내뿐 아니라 전 세계적으로 확산되어 직장인부터 소상공인까지 경제적으로 큰 위기를 겪는 모습을 보면서,

이들을 어떻게 성장시킬 수 있을지와 더불어, 어떻게 해야 더 오래 생존할 수 있는 기업을 운영할 수 있을지에 대하여 치열하게 고민하게 되었습니다. 이를 통해 기업의 생존과 성장 모두를 담을 수 있는 책이 나오게 되었습니다.

《사장의 정석》이라는 원고를 시작할 때부터, 저는 두 가지를 염두에 두고 작성하였습니다.

하나. 영업의 정석 챕터에 나오는 것처럼, 나의 고객인 독자가 무엇을 원하고 불편해하는지를 고민하여 '내가 쓰고 싶은 책이 아니라, 사장님들이 필요로 하고, 원하는 책을 쓰자'라는 것. 둘. 누군가 이야기한 '완벽함이란 더 이상 더할 것이 없는 상태가 아니라, 더 이상 뺄 것이 없는 상태를 의미한다'는 말처럼, 누구나 쉽게 이해할 수 있도록 군더더기 없이 200페이지 이내로 완성할 것이라고 다짐했습니다.

이를 위해 우선 최대한 많은 사장님들을 만나 뵙기 위해 경주, 김해, 대전 등 전국을 다니며 멘토링 활동을 했습니다. 사장님들의 공통적인 이슈와 궁금해하는 사항들을 모아 그룹화하고 이에 대한 이론적 배경과 적절한 예시들을 모으면서 《사장의 정석》의 목차와 내용을 구성할 수 있었으며,

대진대학교 창업융합학과에서 직접 수업을 하면서 예비 창업자 대학생들의 눈높이를 경험하여, 누구나 큰 어려움이 없이 읽을 수 있도록 수차례 수정하면서 초기 500페이지 분량의 원고를 쳐내고 빼고 줄여 200페이지의 다짐을 지킬 수 있었습니다.

이에 추가적으로 못다 한 이야기는 혹시라도 이번 《사장의 정석》 입문 편 이후, 심화 편 시리즈를 통해 다시 사장님들께 인사드릴 수 있는 기회가 있을지도 모르겠습니다.

무엇보다 이 책을 쓰면서 제가 바라고 원했던 것은, 사장님들이 정신적으로도, 육체적으로도, 무엇보다 지식적으로도 더 건강해지면 좋겠다는 일념 하나로 글을 작성했습니다.

사장이 건강해야 기업이 건강해지고, 기업이 건강해져야 나라가 건강해진다는 것이 제가 추구하는 벤처 생태계의 가장 기본적인 생각입니다. 그렇기에 제가 가지고 있는 경험과 지식을 바탕으로, 되도록 많은 사장님들이 편하게 읽으실 수 있도록, 그리고 위기나 의사 결정의 상황마다 다시금 이 책을 펴볼 수 있도록, 사장님들의 진정한 바이블이 되었으면 좋겠다는 마음으로 원고를 마감하였습니다.

● 감사의 글

《사장의 정석》이 나오기까지 창업기획자가 될 수 있도록 동반자로서 비즈니스 파트너가 되어 주신 웨이브히어링 송욱 대표님, 웨이브모터스 강석민 대표님, 웨이브일렉트로닉스 박천석 회장님, 아게이트 그룹 이진희 부사장님, 해번자 김재환 대표님, 스마일시니어 문연걸 대표님, 이웃의 백선호 대표님, 마인드레인 김빛누리 대표님, 이노 조성신 대표님, 후앤후 선웅규 대표님, 벡터스 정주형 대표님, 위시빈 박동두 대표님, 좋은현상 유현상 대표님, 참참핫도그 위한별 대표님, 직업의 모든 것 황해수 작가님, 박선아 작가님, 넥스트챌린지 재단 김영록 대표님, 다정언니 김자연 대표님, 그리고《사장의 정석》의 출판을 함께해 주신 메이킹북스 장현수 대표님과 임직원 여러분께 감사의 말씀을 드립니다.

또한, 창업기획자의 학술적인 연구가 뒷받침될 수 있도록 기회를 주신 한양대학교 한창희 교수님, 김성민 교수님, 백동현 교수님 그리고 연구실 송경수 선배님, 허성훈 지도사님, 이강애 대표님, 김동미 지도사님, 전희정 이사님, 서울과학기술대학교 장성용 교수님, 신택현 교수님, 김선민 교수님, 카이스트 노재정 교수님, 한승헌 교수님, 송락경 교수님께 감사의 말씀을 드리며, 더욱이 후배 창업가와 창업기획자를 양성할 수 있도록 교수의 길을 열어 주신 대진대학교 창업교육팀 안승권 부단장님, 김영래 팀장님, 최정훈 수석님, 김지현 과장님, 김영호 선생님과 이민수 본부장님, 이경록 과장님, 그리고 저의 첫 제자인 송주형 군, 이찬영 군, 장민혁 군 및 우리 대진대학교 학생분들께 깊은 감사의 말씀을 올립니다.

아울러 저희 한국개인형엑셀러레이터협회에 큰 도움을 주신 해강 백종필 법무사님, 세무회계 현지 곽재위 회계사님, 에이비엠 김민조 경영지도사님, 안민호 벤처캐피탈리스트님, 노무법인 다현 조소현 노무사님, 블록체인 전문가 탁준성 이사님 그리고 협회에 함께해 주신 많은 창업기획자분들께도 진심으로 감사합니다.

그리고 제게 '따라갈 발자취가 없다면, 너만의 길을 만들어 나아가라'고 격려해 주신 KAIST 고 이민화 교수님께 너무나 깊은 감사의 말씀과 그리움을 전하고 싶습니다. 이젠 하늘의 별이 되셨지만, 교수님의 철학과 가르침을 받은 후배들이 교수님의 뜻을 받들어 다양한 분야에서 새로운 길로 나아가고 있습니다. 베풀어 주신 가르침에 긍지를 가지고 한 걸음 한 걸음, 세상에 누가 되지 않도록 성실히 걷도록 하겠습니다.

또한, 사장으로서 늘 지지해 주는 우리 복음 식구들, 임우형 원장님, 장혜리 원장님, 신정민 과장님, 천혜선 실장님, 김승현 실장님께도 감사의 말씀을 드리며 팀으로서 함께 걷는 노영화 팀장님, 김지은 과장님, 김이현 대리님, 유희정 매니저님 그리고 박상욱 군, 최종희 군, 정영준 군, 중소상공인 희망재단 정윤희 매니저님, 정지용 팀장님, 김민석 대표님, 주인규 세무사님, 손희철 박사님, 문도형 대표님, 채희경 이사님, 이충엽 대표님, 김정현 대표님, 원준호 대표님, 박창한 대표님, 허각 대표님, 허진하 실장님, 조용국 대표님, 고혁주 대표님, 경승은 대표님, 박현영 대표님, 이원석 대표님, 정견욱 대표님, 여상철 대표님,

오현석 대표님, 안승하 대표님, 박진훈 대표님께도 감사의 인사를 드리고 싶습니다.

마지막으로, 사랑하는 어머니 김정림 여사님, 아버지 김석기 회장님, 그리고 형님 김남혁 대표님과 형수님 박수진 교수님, 무럭무럭 자라는 조카 요엘이까지, 그리고 세상 그 누구보다 사랑하는 그리고 고마움과 미안함으로 기록되는 우리 아들 재준이와 재율이까지. 너무 고맙고 사랑합니다.

그 외에도 텀블벅 펀딩을 통해 참가해주신 후원자분들께도 진심으로 감사의 말씀을 올리며, 지면의 한계로 인사를 드리지 못한 많은 분께도 마음 깊이 감사의 인사를 전합니다.

《사장의 정석》은 끝이 아닙니다. 사장님이 최소한 아셔야 하는 생존과 성장에 대한 아주 작은 부분일 뿐입니다. 그렇기에 미처 설명해 드리지 못한 부분에 대해서는 추가적인 인터넷 검색이나, 다른 책을 통하여 학습함으로 늘 배우고 성장하셔야 합니다.

마지막으로, 창업을 앞두고 계신 예비창업자, 예비사장님께는 '내가 드리머로 사장의 자질을 갖추고 있는지 아니면 아키텍처로 창업기획자로서의 활동을 해야 할지'에 대한 질문을 드립니다. 이를 더 깊이 있게 고민하시어 의사 결정에 조금이나마 도움이 되시면 좋겠습니다.

수많은 창업기획자를 대표하여,
진심으로 사장님의 꿈을 그리고 내일을 응원합니다.
감사합니다.

작가 김남욱 올림

김남욱
국내 1호 개인형 엑셀러레이터 | 한국개인형엑셀러레이터협회 대표

20대, 10번의 창업을 통해 스타트업에 필요한 시간, 자본, 사람을 제공해 줄 수 있는 개인형 엑셀러레이터(창업기획자)라는 직업을 고안하여 한국개인형엑셀러레이터협회(www.KIAA.co.kr)를 설립. 대한민국 스타트업 생태계에 새로운 바람을 불어넣는 전문가로 평가받는다.

스타트업의 스케일 업(Scale-Up) 분야를 연구하며 대진대학교 창업융합학과에서 학생 창업자 및 창업기획자를 양성하고 있다. 동시에 7개의 스타트업을 엑셀러레이팅하며 중소상공인 사장들과 비즈니스를 통해 부와 우정을 나누는 든든한 동반자로서 창업기획자의 활동을 하고 있다.

카이스트(KAIST) 기술경영학과를 거쳐 서울과학기술대학교 기술경영 공학석사, 한양대학교 경영컨설팅 대학원 박사 과정을 수료하였다. 현재 대한민국 국가대표 엑셀러레이터인 재단법인 넥스트챌린지재단의 전문위원, 경기도 기술개발사업 평가위원, 제주특별자치도 소상공인 경영지원센터의 전문 컨설턴트 등을 맡고 있다.